| 다형 김현승 시인 전기동화

대추씨 시인의 가을 기도

글 윤삼현 | 그림 조연화

다형기념사업회

작가의 말

　김현승 시인을 다 아시죠?
　'꿈을 아느냐 네게 물으면 푸라타나스 너의 머리는 어느덧 파란 하늘에 젖어 있다' 이렇게 시작하는 〈푸라타나스〉를 쓰신 시인 말예요. 푸라타나스 나무와 함께 이웃이 되어 함께 꿈을 꾸며 먼 길을 같이 걸어가고 싶어 하는 시인의 마음이 따스하게 젖어오지요? 그렇게 맑고 따뜻한 영혼으로 모두가 살아간다면 이 세상은 한결 눈부신 아름다움으로 채워가지 않을까 생각하지요.
　다형 김현승 시인은 평생을 그렇게 맑고 깨끗한 마음으로 살다 가셨습니다. 가을을 유난히 좋아하셨고, 늘 곁에 커피 끓이는 소리와 커피 냄새가 배어 있었지요. 청교도적 삶을 실천하셨고 정직과 양심에 따라 행동하신 분이지요. 신과 인간 사이에서 갈등하였고, 고독에 빠지기도 하였습니다. 그러나 독실한 신앙 고백을 향기 높은 언어로 생명감 있게 노래하여 한국의 대표적 시인이 되었지요.
 〈눈물〉, 〈가을의 기도〉, 〈마지막 지상에서〉 같은 시도 김현승 시인의 대표작으로 알려져 있어요. 사랑하는 아들을 잃고 슬픔에 빠져들면서도 시인은 흠도 티도 금 가지 않은 자신의 전체를 신에게 드리고자 한 시가 〈눈물〉입니다. 가장 깨끗하고 맑고 진실한 눈물이 어떤 것인가를 우리에게 깨우쳐주는 시입니다. 가장 아름다운 열매를 위하여, 지극히 경건한 기도를 위하여 늘 홀로 깨어 있었던 시인입니다. 길을 걸을 때도, 커피를 마실 때도, 깊은 밤잠을 못 이룰 때도 시인은 무엇이 가치 있는 삶인지 되돌아보고 시를 구상하였습니다.
 제자들을 특별히 사랑한 교수였고, 자녀들에게 말없이 삶의 본을 보여준 아버지였습니다. 별처럼 깨어 생각하는 서정시를 개척함으로써 동료 문인의 귀감이 되었고, 천상의 세계를 꿈꾸며 감사와 기쁨을 노래한 기독교 시인이었습니다. 그래서 세상 사람들은 그 맑은 영혼과 밤새워 빚어낸 시를 높이 우러러 봅니다.

　기도한 채 하늘나라 품으로 가신 다형 김현승 시인. 그러나 더 풍요로운 시세계를 펴지 못하고 다소 이른 나이에 우리 곁을 떠나신 점이 큰 아쉬움으로 남지요.

　'산에 오르면 언제나 꽃처럼 피어있는 도시' 고향 광주를 애틋이 사랑했던 다형 김현승 시인, 그의 숨결을 만나고 싶으신가요? 바로 지금 이 책을 넘겨보세요.

동화작가 윤삼현

차례

작가의 말 6

신학교 유학생 부부의 셋째 아기 11
바다 소년 20

기도를 배우다 34
독립운동 하는 목사 41
양림동 시대 50
양심과 도덕의 샘을 품고 53
날쌘돌이 소년 58
광주의 예루살렘 63
평양 유학 70
마음 속으로 시가 들어오다 77
숭실전문학교 입학과 위장병 84
시인이 되다 88

귀향, 그리고 실직 97
사랑과 시련 108
광복의 햇살 아래 116
다리 아래 떨어지다 122

한국전쟁과 아픔 127
조선대 교수 취임 131
아들의 죽음 136
《신문학》 창간 141
참다운 고독 158
가을의 기도 163
형님의 죽음과 마음 속 질문 168
제자 사랑 175
양림동 백작의 축구 이야기 181
커피를 끓이며 185
시인학교 제자들과 대추씨 시인 190
산줄기에 올라 197
숭실대학으로 옮기다 204
시의 씨앗을 품어라 210
신에게서 멀어지다 215
고독의 시인 219
수색 시대, 수색사단 224
어두운 시대 236
높은 이상과 희망 241
시는 구원이었다 247
신앙의 고향으로 돌아오다 251
기도하며 하늘나라로 259

신학교 유학생 부부의 셋째 아기

바람이 살랑살랑 불어왔습니다. 대동강 버드나무숲이 파란 싹을 일제히 내밀었습니다. 여린 잎사귀가 바람에 하늘거립니다.

봄이 완연해졌습니다. 남녘보다 봄이 늦게 찾아오는 북녘 땅이라서 그런지 김창국 유학생은 한껏 맘이 설레었습니다. 아내는 셋째 아이를 배고 있었고, 해산날이 가까워 오고 있어 그의 마음은 자못 풍선처럼 부풀었습니다.

"여보게. 자네 안 사람께서 셋째를 가졌다더니 언제 쯤 분만하는가?"

"만삭이 된 것이 금방 낳을 거 같네."

김창국 유학생은 얼굴 가득 미소를 띠며 신학교 동창생

을 향해 말했습니다.

"하나님 뜻 안에서 믿음 강한 자녀가 되길 기도하겠네."

"고맙네. 고마워."

평양 신학교는 시내 하수구리 100번지에 자리 잡고 있었습니다. 대동강이 내다보이는 시내 서쪽 언덕배기 학교 교정에 창국은 잠시 발을 멈추었습니다. 창국은 대동강 쪽을 바라보았습니다. 저만큼 대동강 강 물결이 은어 떼처럼 하얀 물비늘을 반짝이고 있었습니다. 새로 태어날 아기의 반짝이는 눈빛처럼. 그는 가볍게 미소를 지어보였습니다. 학과 공부가 끝나자마자 창국은 교문을 나와 곧장 집으로 향했습니다. 신학교 뒤쪽 자그만 기와집 한 채를 얻어 김창국 부부는 살고 있었습니다.

"아버지!"

"오냐. 우리 현정이, 혼자서도 잘 노네."

어린 냥 티를 못 벗어나고 있는 큰 아들 현정이 흙장난을 하고 놀다 핑 달려와 안겼습니다.

"여보 나 왔소."

"뱃속의 아기가 어찌나 배를 차대는지, 아이고. 힘들어라."

누워 있던 아내가 무거운 몸을 일으켜 앉으며 웃음을 머금었습니다.

"허허. 그 녀석. 아마도 아들이려나 보오. 축구 잘 하는…. 허허허."

"정말 아들일까요?"

"발길질을 해댄다니 그런 생각이 들게 하오만…."

큰 딸 현순이는 아랫목 한쪽에서 코올콜 잠이 들어 있었습니다.

"여보. 올해는 셋째가 생기는 해이고, 내가 목사 안수를 받는 해이니 우리에게 결코 잊혀지지 않을 해가 될 것 같소."

"아무렴요. 늘 은총 베푸시고 우리 가정을 지켜주시는 하나님께 감사드려야죠."

두 부부는 손을 모으고 감사의 기도를 경건히 드렸습니다.

"삐익. 삑 삑!"

기도가 끝나기를 기다렸다는 듯 기적소리가 울렸습니다. 신의주로 떠나는 저녁 기차가 쇠울음을 남기고 교외로 빠져 나가고 있었습니다.

다음날 오후 창국은 신학교를 나와 대동문 거리로 걸었습니다. 얼마 전 미역을 사다 놓았으나 임산부에 좋다는 묵은 호박, 말린 새우포를 더 살 생각이었습니다. 대동문으로 향하는 길거리엔 사람들로 북적였습니다. 두루마기, 한복을 입은 사람들이 오가고 이따금 양복을 입은 신식 차림의 사람들도 눈에 띄었습니다. 대동문 근처에서는 말을 탄 일본 헌병이 날카로운 눈으로 순시를 하고 있었습니다. 가까운 시내에는 얼마 전에 동양척식회사도 세워졌습니다.

'제국주의 시대가 여기까지 뻗쳤구나. 어쩌다가 나라를 잃은 망국 백성이 되어야 했는고. 삼 년 전에 경술국치를 당했고, 서울에는 총독부가 들어서고, 얼마 전에는 동양척식회사란 것을 만들어 곡창지대를 강제로 빼앗다시피 다 손아귀에 넣더니. 결국 평양 거리에도 동양척식회사 간판이….'

말린 새우와 묵은 호박, 푸성귀 몇 가지를 사들고 돌아오는 창국의 마음은 편하지 않았습니다.

집에 도착한 창국은 아내의 비명 소리를 들었습니다. 방에는 이웃 사는 평양 아주머니가 진통하는 아내를 돌보고 있었습니다. 아내의 해산이 코앞이라는 것을 직감했습니다. 그는 뒤도 안 돌아보고 달렸습니다. 전찻길을 뛰어 건넜습니다.

'그래, 시장통이야.'

시장통에서 '산파집'이란 간판을 본 일이 기억났습니다. 산파 할머니와 집에 도착한 창국의 귀에 아내의 고통스런 비명 소리가 연거푸 들려와 박혔습니다. 어쩔 줄 몰라 하는 남편과 달리 산파 할머니는 차근차근 익숙하게 아내의 해산을 도왔습니다.

"조금만, 그래요, 조금만 더 힘을 불끈 내시라요…."

"으윽. 으으윽~"

　아내가 입술을 깨물었습니다. 몸을 뒤틀며 마지막 신음 소리를 쏟아냈습니다.

"응애, 응애."

　한 순간 아기 첫울음소리가 세상에 울려 나왔습니다.

"사내 애가 태어났구만요. 고추 탄생을 축하드립네다. 호호호."

"산모 건강은 어떻습니까?"

　안절부절 못하던 창국이 산모의 건강을 물었습니다.

"일 없다 말입네다. 산모랑 아기 모두 다."

"아, 그래요. 고맙습니다. 정말 애쓰셨습니다."

　창국은 산파 할머니에게 넙죽 절을 드렸습니다.

　건강한 셋째 아기를 안은 창국 부부는 얼굴 가득 웃음과 기쁨을 감추지 않았습니다. 소문을 듣고 이웃한 교회 선교사와 신학교 동창들이 창국의 집으로 모였습니다.

"축하합니다. 하나님 은혜로 건강한 사내를 낳으셨다구요."

"길쭉해 보이는 게 키도 크고 운동을 잘 할 것 같은데요. 하하하."

축하 세례를 받던 창국은 문득 어제 자신이 했던 말을 떠올렸습니다.

"아기가 아내 배를 마구 찬다고 하길래 축구 선수가 될 사내가 탄생할지 모르겠다 그랬는데 딱 맞추었어요. 사내아이란 것 말예요."

"어쩜, 뱃속의 아기가 남자인지 여자인지도 알고. 기도를 열심히 하시더니 이거 큰 능력을 받으신 거 아니에요?"

신학교 강의를 맡고 있는 한 선교사 부인이 짐짓 너스레를 떨었습니다.

"참 아기 이름 생각해 보셨어요?"

가쁜 숨을 좀 돌린 아내가 물었습니다.

"가운데 자는 현자 돌림이니 이미 정해졌고. 사내 이름이니 끝 자를 음…"

창국은 고개를 갸웃거리며 잠시 생각에 잠겼습니다. 이윽고 눈을 번쩍 뜬 그가 외쳤습니다.

"현승이 어때요? 현, 승! 높을 현에 받들어 모실 승! 높이 하나님 영광을 받들며 믿음의 아들로 살아가는 뜻을 담고 있잖아요."

"와, 좋으네요. 현, 승! 김현승!"

김현승은 부모님이 유학해 있던 '동양의 예루살렘'이라 불리던 평양에서 이렇게 모태신앙을 지니고 태어났습니다. 1913년 4월 4일, 꽃 피고 새 울던 따뜻한 봄날이었습니다.

구십일 쯤 지난 후 현승은 평양 교회에서 유아세례를 받았습니다.

신학교 졸업을 앞두고 두 부부가 마주 앉았습니다.

"여보. 이번에 목사 안수를 받고 나면 땅 끝까지 복음을 전하라는 예수님 말씀 실천하기 위해 멀리 떠나게 될 것 같소."

"그럼 어디로요?"

"아마도 제주에 있는 교회 목사직이 될 것 같소."

아내의 눈이 휘둥그래졌습니다. 미처 생각하지 못했던 너무 먼 곳 아니냐는 눈치였습니다. 그러나 곧 정색을 하고 아내가 말했습니다.

"차라리 잘 됐어요. 꼬마들을 셋이나 데리고 제주로 가 살자면 어려움도 많겠지요. 그렇지만 예수님 가신 길이 힘든 길 아니겠어요? 그곳에 복음의 씨앗을 뿌리는 일이니 기꺼이 따를게요."

바다 소년

　1915년 신학교를 졸업한 창국은 제주읍의 성내교회 목사직 발령을 받았습니다. 그는 아내와 세 아이를 데리고 평양을 떠났습니다. 창국의 고향 전주에 들른 뒤 다시 목포항에 도착한 가족은 제주 가는 정기 기선에 표를 끊었습니다. 뱃고동 소리를 길게 울리며 기선이 항구로 들어왔습니다.
　인천항에서 출발한 이 기선은 군산을 들른 뒤 목포에 닿은 것입니다. 인천에서 제주까지 꼬박 이틀이 걸리는 여객선이었습니다. 목포에서 손님을 싣고 닻을 올린 기선이 검은 연기를 내뿜으며 항구를 빠져나가기 시작했습니다. 뾰족뾰족 바위산 유달산이 눈앞에서 점점 멀어지고 있었습니다. 기선은 다도해를 빠져 나와 남해바다로 들어섰습니다. 멀미기를 보인 어린 현정과 현순을 김창국 목사가 꼭 껴안아 주었습니다. 다행히 두 살배기 현승은 엄마 품에서 잠이 들어 있었습니다.

서해로 빠져나온 기선은 출렁거리는 파도를 타 넘기 시작했습니다. 얼마쯤 나아가자 푸른 물결 위로 돌고래 상괭이가 뛰어올랐다가 가라앉았다가 자맥질을 하였습니다.

"바다를 보면 왠지 어린애처럼 신기해져요. 그러다가도 한 순간 두려움이 밀려오지요. 꼬박 하루가 걸린다니 도중에 애들이 배 멀미라도 하면 어쩔까 걱정도 되고요."
아내의 표정이 어두워졌습니다.

"쓸데없는 걱정을 다 하고 그래요? 해외 선교사 파송이라 여기고 오히려 하나님께 감사하게요."

추자도 부근에서는 파도가 더 높아지고 있었습니다. 배가 기우뚱거렸습니다. 선내에 누워있던 손님들이 한 쪽으로 쏠렸다 다시 반대편으로 쏠렸습니다. 배 멀미를 앓는 사람들이 나타났습니다. 파도를 헤치고 꼬박 하루가 걸린 끝에 기선이 제주항에 들어섰습니다. 크고 작은 돛단배들이 바다 위에 둥실 떠 있었습니다. 긴 돛을 올린 풍선 몇이 항구를 빠져나가고 어떤 풍선은 미끄러지듯 항구로 서서히 들어오고 있었습니다. 김 목사 가족은 짐을 챙겨 제주 땅을 밟았습니다. 물 설고 낯 설은 섬나라에 내린 두 꼬마 현정과 현순 남매는 사방을 두리번거렸습니다. 처음 보는 것 투성이라 잠시도 눈길을 한 곳에 두지 못했습니다. 끼룩끼룩 갈매기가 머리 위에서 날고 짭쪼름한 바다 냄새가 확 코끝에 풍겨왔습니다. 교회에서 온 몇 사람이 기다리고 있었습니다.

"목사님, 이 먼데까지 복음을 전하려 찾아오시고 그저 저희는 감지덕지일 따름입니다."

"하루 꼬박 배를 타고 오셨는데 너무 애쓰셨어요. 꼬마들을 세 명이나 데리고."

삼십대 후반쯤으로 보이는 남자가 뚜벅뚜벅 앞으로 걸어왔습니다.

"저는 성내교회 사찰집사입니다. 짐 주시지요."

"아, 그러시군요. 고맙습니다."

가족은 사찰집사와 마중 나온 신도를 따라 교회로 발길을 향했습니다.

해가 바뀌고 달이 바뀌었습니다. 아장아장 걸음마를 배우며 현승은 쑤욱쑥 자랐습니다. 한의원인 할아버지와 목사인 아버지를 닮아 어린 현승은 영리하고 총명했습니다. 행동이 꼼꼼하고 단정하며 범상치 않은 구석이 많아 보였습니다. 그리고 그는 다섯 살이 되었습니다.

봄이 되자 현승은 때론 혼자서, 때론 누나랑 바닷가를 거닐었습니다. 조가비도 줍고 때론 쪽빛으로 때론 에메랄드빛으로 색깔을 바꾸는 바다를 감상하기도 했습니다. 바다는 어린 현승에게 그리움을 품게 했습니다. 푸른 바다에 모르는 비밀들이 수없이 숨겨져 있을 것 같았습니다. 모래밭에 기어다니는 붉은 집게발 바닷게를 만나면 고개를 숙인 채 한참이나 게를 들여다보았습니다. 누나가 집에 가자고 재촉해도 들은 척도 안했습니다.

"게야. 게야. 어디 가? 나랑 놀게."

혼잣말을 중얼거리며 게를 졸졸 따라다녔습니다.

모래밭을 나와 동네로 접어들면 조랑말 위에 걸터앉아 고샅길을 가는 어른도 만났습니다. 그는 조랑말이 안 보일 때까지 붙박이로 서서 눈길을 거두지 않았습니다.

'자그만 조랑말이 힘도 세다. 어른을 태우고.'

이 무렵 교회에서는 우물에서 두레박으로 물을 길어 사용하다가 길을 파 쇠파이프를 묻는 수도 공사가 벌어졌습니다. 신기하게 집 안에서 수도꼭지를 틀면 물이 쫘아아

쏟아져 나왔습니다. 형이랑 수돗가에서 컵에 물을 받아 마셨습니다.

"물 시원하다, 형 그치?"

"그래. 참 좋다. 식구들이 다들 싱글벙글이다."

병문내 빨래터에서 동네 아줌마들이랑 토닥토닥 빨래하던 엄마가 이제는 집 안에서 빨래하는 횟수가 늘어났습니다. 엄마가 덜 힘들다고 생각하니 현승도 기분이 좋은지 얼굴에 미소가 솔솔 피어나왔습니다.

유채꽃이 환하게 피어났습니다. 꽃구경 가는 사람들이 눈에 띄게 늘었습니다.

"현승아, 관덕정 앞마당에서 굿이 벌어진단다. 가볼까?"

활짝 웃은 채 형이 말을 꺼냈습니다.

"좋아."

둘은 손잡고 교회에서 멀지 않은 관덕정으로 향했습니다. 어른뿐만 아니라 아이들도 잔뜩 모여들었습니다. 성벽 위 솟은 누대까지 구경꾼으로 가득했습니다. 입춘 굿놀이가 시작됐습니다. 가면을 쓴 남녀 어른 다섯이 덩실덩실 춤을 추며 나타났습니다. 신명난 소리로 손짓 발짓 섞어 사설을 토해냈습니다.

"잘 한다. 잘 해!"

구경꾼들이 분위기를 맞춰 박수를 치고 환호했습니다. 현승도 갑자기 가슴이 울렁거렸습니다. 흥이 돋아났습니다. 한바탕 고사리 손을 부딪혀 박수를 보냈습니다.

제주도 첫 교회인 성내교회에 어느덧 신도들이 꽤 불었습니다. 주일이면 예배당 안으로 한복을 차려입은 신도들이 삼삼오오 밝은 표정으로 모여들었습니다.

해가 바뀌었습니다. 여섯 살 현승은 교회 앞마당 팽나무 아래 나무의자에 앉아 네 살 위인 형이랑 시간을 보내기를 좋아했습니다. 형이 조선어독본을 소리 내어 읽으면 흉내 내어 따라 읽었습니다. 형이 옛날이야기를 담은 붉은 딱지본 책을 넘기며 소리 내어 읽어 주었습니다. 현승은 형의 구수한 이야기를 듣는 것만으로도 재미에 빠져 들어갔습니다. 책 속은 신기한 일들이 곧잘 벌어졌습니다. 인어아가씨와 왕자가 만나 좋아하기도 하고, 하늘에선 견우와 직녀가 일 년에 한번 씩 까치와 까마귀가 놓아준 다리를 건너 만나야 하는 슬픈 장면도 들어 있었습니다. 이때마다 현승의 눈이 깨어 반짝거렸습니다. 동에 번쩍 서에 번쩍 홍길동이 탐관오리들을 무찌르는 장면에서는 현승의 작은 주먹이 불끈 쥐어졌습니다.

현승은 조용하고 침착한 성격이었습니다. 고집도 있었

지만 어린 현승은 형을 잘 따랐습니다. 형은 친절하게 현승을 아끼고 돌봐주었습니다. 가끔은 두 살 위인 누나랑 사택에서 숨바꼭질을 하고 놀기도 했습니다. 초등학교 들어갈 나이인 누나도 책 읽는 것을 무척 좋아했습니다. 어머니는 제주 읍내 서점에 들러 아이들이 읽을 만한 동화책 종류를 사오시기도 했습니다. 현승은 점점 책이 좋아졌습니다. 책 속의 글자들을 형처럼 줄줄 읽고 싶었습니다. 저녁에 식구가 모인 자리에서 또박또박 동화를 읽어주는 자신의 모습을 상상해 보기도 했습니다.

"오늘은 토요일이니 가족 나들이를 가보자."

"그래요. 아버지."

세 남매는 모처럼 나들이에 환호성을 질렀습니다. 어린 현택은 어머니가 업고 가기로 했습니다.

가족은 시내 변두리의 삼성혈로 향했습니다. 자동차는 구경도 할 수 없었습니다. 반 시간을 걸었습니다. 해풍이 불어 짭쪼름한 바다 냄새가 온몸에 묻었습니다. 푸른 잔디가 깔린 언덕받이에 구멍 세 개가 나타났습니다.

"여기가 삼성혈이란다. 제주 원주민의 발상지지. 고씨, 양씨, 부씨 세 성받이의 시조가 나온 곳이란다."

현승 가족은 찬찬히 삼성혈을 돌아보았습니다. 그 때 칼을 찬 순사 넷이 뚜벅뚜벅 다가왔습니다. 구멍 하나씩 맡아 칼을 찬 순사가 구둣발로 밟고 서있는 것이었습니다.

"아니 무슨 일이지?"

김 목사가 의아한 눈으로 그들 행동을 바라보았습니다.

"이 구멍이 성씨가 탄생했다고 말 하지만, 혹 다른 불온한 뜻이 있을지도 모르니 철저히 조사해 봐."

우두머리인 듯 한 자가 지시를 내렸습니다. 구멍을 기웃기웃 순사들이 조사하고 있을 때 김창국 목사가 다가갔습니다.

"이 곳은 민족의 성스런 유적지요 역사 학습장입니다. 유적지를 함부로 구둣발로 밟고 서 있는 건 예의가 없는 일이라 생각됩니다."

"뭐야. 당신? 어디서 까불대고 있어. 공무 중에 방해를 놓다니."

우두머리인 자가 칼집에 손을 갖다 대며 김 목사를 향해 날카로운 눈초리를 쏘아붙였습니다.

"여보. 그냥 가요."

현승 어머니가 재빨리 김 목사를 끌어당겼습니다. 김 목사는 아내에게 억지로 끌려나오며 혀를 끌끌 찼습니다.

"이 봐. 당신 어디 사는지 다 알게 되어 있단 말야. 또

까불면 재미없어."

순사들이 돌아서는 김 목사 가족을 향해 사납게 거친 말을 날렸습니다.

"쯧쯧쯧. 버르장머리 없는 사람들…"

이 날 가족 나들이는 유쾌하지 못한 추억을 남기고 말았습니다.

교회 사택 돌담 너머 늘 푸른 바다가 펼쳐졌습니다.

'왜 바다는 파란 색깔일까? 바다는 얼마나 깊을까?'

어린 현승은 까치발을 하고 담 너머 바다를 바라보았습니다. 그리고 한참동안 생각에 잠기곤 했습니다. 그의 두 눈동자엔 파랗게 바닷물이 고여 있었습니다.

형이랑 바닷가에 나가보는 일도 큰 즐거움이었습니다. 제주 앞바다는 물결을 타넘으며 자그만 목선들이 떠서 흔들거리고 있었습니다. 그 사이로 돛을 높이 올린 배가 고기잡이를 나가거나 들어오곤 했습니다. 현승은 그 배를 타고 먼 바다로 나가고 싶은 충동을 느꼈습니다. 하얀 갈매기가 창공에 떠서 훨훨 하늘을 헤쳐 가듯이. 먼 바다 어디쯤엔 인어아가씨가 살고 있을 것 같았습니다. 생각만 해도 설레는 일이었습니다. 현승은 상상의 나래를 타고 이리저리 여행을 떠나곤 했습니다. 혼자 조용히 웃음을 짓는 일이 많아졌습니다. 그러다가 새로운 풍경을 만날 때면 곧 생각에 잠기는 버릇이 생겼습니다. 무엇을 보면 무심코 지나치지 않고 생각하는 아이가 되어갔습니다.

현승이 사는 동네는 제주 오름을 닮은 초가집들이 다닥다닥 꼬막조개처럼 붙어 있었습니다. 늦은 가을날이었습니다. 골목길에서 물동이 지게를 등에 맨 동네 댕기누나를 만났습니다.

"목사님 둘째 아들 현승이구나. 귀엽다."

짓궂은 장난 같은 것을 모르는 조용한 현승을 동네 누나들이 예뻐했습니다.

"현승아. 물 길어 놓고 금방 올게 여기 있어. 서문시장 옆에 성벽이 있거든 거기 구경시켜 줄게."

현승은 고개를 끄덕였습니다. 그날따라 형과 누나도 학교에서 돌아오지 않고 있어서 심심하던 차였습니다. 얼마 후 댕기 누나가 빠른 걸음으로 나타났습니다.

"가자."

댕기 누나는 현승의 손을 잡고 제주목 관아 쪽으로 이끌었습니다. 큰 기와집이 차례로 나타났습니다.

"이 기와집은 관덕정이라고 부른단다. 저쪽 기와집 있

지? 거긴 오래된 향교야."

현승은 그냥 고개를 끄덕였습니다. 무슨 집인지 자세히 몰라도 구경하는 것만으로도 흥이 났습니다. 조금 더 걸으니 이끼 낀 성벽이 나타났습니다.

"여기야. 우리 군사들이 적들을 막기 위해 쌓은 성이래."
"우와, 올라가고 싶다."
"날 따라 와."

무너진 성벽 쪽 돌무더기를 딛고 조심조심 둘이는 성 계단을 올라섰습니다. 성벽 돌계단 맨 위에는 댕기머리를 하고 한복 저고리를 입은 동네 아이들이 깡총대며 놀고 있었습니다. 거기서 어린 현승은 자기 또래의 동네 친구 몇 몇을 알게 되었습니다. 그 중에 키가 약간 커 보이고 두 눈에 웃음기를 머금은 기영이란 아이와 가까워졌습니다.

"현승이라고? 이거 먹어."

불쑥 기영이가 호주머니 안에서 찐 감자를 내밀었습니다.
"맛있겠다. 고마워."

둘은 댕기누나랑 함께 성벽 길을 한 바퀴 돌아 나왔습니다.

현승은 기분이 팔랑했습니다. 이제 형이 아니어도 바닷가에 같이 나갈 친구가 생겼기 때문입니다.

"누나. 저기 저 산 꼭대기 하얗다."

성벽 높은 계단을 딛고 선 현승이 낯선 산 하나를 발견했습니다.

"저 산은 한라산. 안 들어 봤니? 우리나라에서 두 번째로 높은 산이야. 꼭대기가 눈이 쌓여 있어서 그리 보인다."

한라산, 이름은 벌써 여러 차례 들어본 적이 있습니다. 제주도 한라산 고사리 꺾으러 간다는 말도 여기 와서 수차례 들어 알고 있습니다.

"저 산이 한라산! 우와, 한라산에 저렇게 눈이 많이 왔어?"

현승의 눈이 둥그렇게 벌어졌습니다.

'얼마나 높으면 거기만 눈이 왔을까?'

세상은 참으로 신기한 것 투성이었습니다. 현승은 오랫동안 한라산과 눈 맞춤을 하고 있었습니다.

성 계단에서 내려와 다시 동네로 들어섰습니다. 동네 입구에는 툭 튀어나온 두 눈에 꽉 다문 입을 한 사람 모양의 돌이 서 있었습니다.

"현승아, 이것은 돌하르방님이야. 마을을 지키는 수호신이셔. 나는 이 앞을 지나가다 소원을 빌기도 해. 너도 한번 빌어 봐."

댕기 누나가 찡긋 눈짓을 했습니다. 현승은 망설였습니다. 주일학교에서 배운 십계명이 떠올랐습니다. 우상한테

절하거나 소원을 빌지 말라고 하던 교회 선생님 말씀이 생각났습니다. 그러나 현승은 눈 딱 감고 소원을 빌기로 하였습니다. 나쁜 생각이 아니면 용서해주실 것 같았습니다.

"책을 읽게 해 주세요. 저는 아버지 어머니한테 동화책 읽어서 부모님 기쁘게 해드리고 싶어요."

댕기 누나와 헤어져 집으로 돌아오는 길입니다. 골목길이 어느 때보다 정겨웠습니다. 새 친구를 만나서인지 발걸음도 가벼웠습니다. 저만큼 집이 보였습니다.

푸른 바다를 배경으로 교회 종탑이 석양의 햇살에 발갛게 물들어 있었습니다.

기도를 배우다

　여섯 살 현승의 가슴이 열리고 폭이 넓혀지고 있었습니다. 특히 친구에 대한 관심이 점점 커지고 있었습니다. 그는 혼자 생각에 잠겨 있다가도 골목 친구들이랑 곧잘 놀이도 즐겼습니다. 주로 딱지치기나 자치기 놀이였습니다. 형이 하던 놀이를 눈 여겨 보고 따라 해 보는 놀이였지만 제법 재미가 쏠쏠하였습니다. 골목 친구가 하나 둘 늘어나는 즐거움도 누리게 되니 요즘 현승의 얼굴이 한껏 피어올랐습니다.

　그렇지만 얼굴색이 어두울 때도 있었습니다. 현승은 조밥을 싫어했습니다. 제주에서 살면서 힘들다고 생각하는 것이 있다면 식사 때 조밥이 나오는 것입니다. 하얀 사기 그릇에 담긴 누런 빛깔의 자잘한 조 알갱이 밥은 숟갈을 뜨기 전부터 현승의 얼굴을 어둡게 만들었습니다. 어머니가 지어주신 조밥은 멥쌀에 조를 섞어 짓는 밥입니다. 다른 식구들은 맛있게 잘 먹는데 현승이만 이 밥을 싫어하는 눈치였습니다. 그는 좀 먹는 둥 하다가 숟갈을 놓아버리곤 했습니다.

"현승아, 조밥이 맛이 없냐?"

어머니가 걱정스러운 표정을 지었습니다.

"조금 먹어도 배가 살살 아파요."

"배가 아파? 왜 그럴까? 우리는 아무렇지도 않은데."

어머니가 현승의 배를 어루만져 주었습니다. 보리와 쌀을 섞어 지은 밥에 비해 조밥은 알갱이가 작고 딱딱하여 잘 씹히지 않았습니다. 먹고 나면 속이 좀 쓰리고 왠지 거북한 기분이 들게 만들었습니다. 한번 배가 아프면 상당히 오랫동안 계속되어 현승을 괴롭혔습니다.

김 목사가 한 마디 거들었습니다.

"하나님이 주신 귀한 음식인데 가능하면 맛있게 먹도록 하거라. 앞으로 식사 때면 현승이는 감사 기도를 더 많이 드리고 식사를 해야겠다."

"기도하면 배가 안 아플까요?"

"하나님께서 사랑을 가득 담아 현승이에게 일용할 양식을 주셨는데 아프게 하실 리가 있겠냐?"

아버지 김 목사의 말에 어린 현승은 고개를 끄덕거렸습니다.

'맞아, 기도가 모자란 걸 거야.'

그는 틀림없이 기도가 부족다고 믿었습니다. 장차 아버지나 어머니처럼 기도를 잘 하는 아들이 되고 싶었습니다. 그는 틈이 나면 혼자 기도하는 연습을 했습니다. 그리고 이 일이 있은 후부터 현승의 밥그릇에는 조밥이 덜 담기고 대신 쌀이나 보리밥이 좀 더 많이 얹어졌습니다. 어머니가 특별히 마음을 써주신 것입니다.

파도가 넘실거리는 제주의 바다는 늘 현승의 마음을 끌어당겼습니다. 어느 날 오후 학교에서 돌아온 형이랑 골목 친구 몇이랑 현승은 앞바다에 나갔습니다. 마음먹고 형에게 헤엄을 배워볼 생각이었습니다. 형은 거의 자기 키가 넘는 깊이까지 헤엄을 치고 돌아와 길게 날숨을 뱉었습니다. 깊은 바다는 절대 가지 말라 하신 부모님 말씀이 현승의 귓가에 맴돌았습니다. 자꾸 수영에 자신이 없었습니다.

"자, 여기까지 헤엄을 쳐 와. 형이 여기 있을게."

"못 가. 얕은 데서만 쳐 볼래."

"바보같이 여기를 못 오다니. 괜찮다고."

형의 핀잔에 오기가 발동한 현승이 몸을 돌렸습니다. 형이 있는 데까지 가보자고 힘껏 팔을 내저었습니다.

"푸아아앗!"

갑자기 파도가 덮쳤습니다. 현승은 짠 바닷물을 몇 모금이나 먹어야 했습니다. 현기증이 핑 돌았습니다. 후다닥 얕은 바닷가로 나올 수밖에 없었습니다. 승부욕이 강한 현승으로서는 부끄러운 일이었습니다.

'달리기는 골목에서 일등인데…. 왜 헤엄은 안 되지?'

헤엄치기도 달리기만큼 잘 하면 얼마나 좋을까 출렁이는 파도가 원망스러워졌습니다.

"어머니 귀가 이상해요."

집에 돌아온 현승은 왼쪽 귀를 가리켰습니다.

"어디 보자."

현승의 귀를 살피던 어머니는 면봉에 솜을 끼워 귓속에 넣었습니다.

"움직이지 말고 있어. 물기가 남아있구나. 자칫하면 귓병을 앓을 수도 있단다. 바닷가에 가면 조심하거라."

귓속 물기를 닦아낸 면봉을 꺼내며 어머니가 주의를 주었습니다. 어머니는 현승이 아프지 말라고 그 자리에서 기도를 드렸습니다. 어머니의 기도가 끝나자 아픈 귀가 깨끗이 나은 듯한 기분이 들었습니다.

현승은 이제 바닷가에 가면 헤엄을 치기보다는 바다를 감상하는 시간을 가졌습니다. 그림을 그리듯 마음속에 바다의 풍경을 들여놓고 하나하나 색깔을 입혀보았습니다. 파도가 만들어낸 흰 거품, 해초의 비릿한 냄새, 수평선 위에 떠 오른 구름, 시시각각 색깔이 달라지는 푸른 앞바다, 둥실 떠가는 돛단 배 그 모두가 멋진 한 폭의 수채화로 새겨졌습니다.

먼 수평선을 보다가 문득 현승은 할아버지 할머니가 그리워짐을 느꼈습니다.

'전주 할아버지 댁 가보고 싶다. 서울 외할아버지 댁도.'

육지가 그리워 고개를 드는데 어린 현승의 두 눈에 하늘을 떠가는 하얀 갈매기가 비쳐왔습니다. 순간 어린 현승은 갈매기 날개를 타고 훨훨 육지로 날아가고 있었습니다.

제주는 비바람이 잦았습니다.

여름철에 들어서자 날씨는 변화무쌍해졌습니다. 말짱하게 해가 뜬 맑은 날씨이다가 갑자기 몰려든 먹구름이 세

찬 비를 뿌려댔습니다. 가로수를 뿌리 채 뽑아놓는 태풍도 몇 개씩 찾아왔습니다. 지붕이 날아가고 배들이 부서졌습니다.

어느 날 번쩍 번개가 쳤습니다. 잠시 후 천둥소리가 온 세상을 흔들어 깨웠습니다.

어린 현승은 어머니 품으로 파고들었습니다.

"현승아, 천둥 번개가 두렵니?"

"응."

"우리는 하나님을 믿는 크리스천이야. 그러기에 두렵지 않아. 왠 줄 아니? 하나님께서 지켜주시기 때문이야."

"진짜 하나님이 지켜주셔요?"

두려움이 가시지 않은 채 현승이 거듭 물었습니다.

"그렇대도. 두려워 말라 내가 너희와 함께 하리라. 놀라지 말라 내가 너희를 굳세게 하리라. 성경말씀에 다 적혀 있잖니. 힘들고 두려울 땐 늘 기도를 드려야 한단다. 그러면 하나님께서 새 힘을 주시곤 한단다."

어머니 말씀을 듣고 그제야 현승은 마음이 놓였습니다.

"하나님, 제게 힘을 주세요. 번개 같은 거, 천둥 같은 거 무섭지 않게 해주세요."

기도하는 현승에게 어머니는 미소를 보냈습니다.

독립운동 하는 목사

성내교회는 일본 경찰의 감시를 받고 있었습니다. 고등계 형사들이 몰래 교회 주변을 돌며 독립운동의 꼬투리를 캐려고 눈을 부릅뜨고 살피고 있었습니다.

성내교회를 처음 세운 분은 이기풍 목사였습니다. 그는 옛 훈련청인 건물을 구입해 교회로 삼고 예배를 보았습니다. 제주도에 유배 와 있던 고종 황제의 사위 박영효란 분이 믿음이 생겨 100원을 헌금하였습니다. 교회 신도들도 너도나도 건축헌금을 모아 훈련청을 구입할 수 있었습니다. 그러던 이기풍 목사가 제주 각 지역 복음 활동, 공립학교 설립 등으로 건강을 해쳐 전라도 광주로 치료를 위해 떠났습니다. 그 뒤를 이어 김창국 목사가 부임한 것입니다.

"이기풍 전 목사님이 나라의 독립을 위해 군자금을 모았는데 지금 교회에서 관리 중입니다."

"쉬잇, 누가 들을까 모르니 소리를 더 낮춰요."

김창국 목사와 회계 집사가 교회 사택에서 은밀하게 귓속말을 주고받고 있었습니다. 김 목사는 이기풍 목사의 독립의지와 나라사랑의 혼을 이어가고자 결연히 마음 먹었습니다. 나라를 빼앗은 일본의 탄압에 주저앉아버린다면 영영 이 나라의 독립은 희망이 없을 거라고 믿었습니다.

이 무렵 일본은 우리 겨레가 일어나지 못하게 하려고 총과 칼로 다스렸습니다. 툭하면 애국시민들이 붙들려갔습니다. 수많은 애국지사들이 나라 밖으로 망명을 떠났습니다. 1918년 1월 마침 파리에서 윌슨 대통령이 '민족자결원칙'을 주장했습니다. 항일 독립투사들에게 크게 용기를 북돋아주었습니다. 곳곳에서 일본에 항거하는 움직임이 뜨겁게 불타오르고 있었습니다. 김창국 목사는 조봉호 전도사를 사택으로 불렀습니다.

"상해에 곧 임시정부가 들어설 겁니다. 그러려면 자금이 필요합니다. 이기풍 목사님이 모으시던 군자금과 별도로 임시정부 후원금을 모아야겠어요."

"요즘 제주 경찰서 형사들이 항일 독립운동 움직임 단서를 잡으려고 혈안이 되어 있습니다. 조심조심 모금을 하도록 하지요."

두 사람의 눈이 뜨겁게 마주쳤습니다. 그리고 동시에 고개를 끄덕였습니다.

일본 경찰은 이기풍 목사가 제주군 내 4,000여명으로부터 꽤 많은 군자금을 모금하고 있다는 첩보를 얻어 이미 전부터 감시를 해오고 있었습니다. 성내교회 3대 목회자인 김창국 목사도 당연히 감시 대상이 되었습니다.

제주에 겨울이 찾아왔습니다. 한라산이 온통 하얀 눈으로 은세계를 이루었습니다. 현승은 교회 뒤 언덕배기에 올라 한라산을 바라보았습니다.

'와, 멋지다. 꼭대기에 호수가 있다고 했어. 그 호수는 얼마나 맑고 푸를까?'

구름 모자를 쓴 한라산이 생각에 잠긴 어린 현승에게 손짓을 해 보였습니다.

현승은 요즘 아버지가 더 바빠졌다고 생각했습니다. 하지만 그 이유를 모릅니다. 어떤 날은 가족 예배를 빠뜨린 채 교회 몇몇 신도들과 만나 회의를 하는 시간이 많아졌습니다. 교회 사택으로 조 전도사가 발걸음 하는 시간도 눈에 띄게 늘어났습니다. 교회 분들은 회의가 끝나면 서로 쉬쉬하고 아무 일 없었던 것처럼 종종걸음으로 집으로 향했습니다. 무슨 일인지 어린 현승은 궁금했습니다.

쌓였던 눈꽃이 바람에 날렸습니다. 일요일도 아닌데 전도사와 회계 집사가 눈길을 헤치고 사택을 찾아왔습니다.

"목사님 임시정부 후원금이 벌써 5천원을 넘어서고 있습니다. 자발적으로 독립을 위해 신도들이 모금에 동참하고 있고요."

"하나님께 감사할 일이지요. 1만 원가량 모아지면 이 일을 시작하신 이기풍 목사님과 상의하여 상해로 송금하도록 하지요."

"그럼 경찰에 발각되지 않게 최대한 조심하면서 모금을 더 벌여 나가겠습니다."

"회계 집사님은 군자금, 후원금 관리를 철저히 비밀리에 해주셔야 합니다."

"잘 알았습니다."

그 날 늦은 저녁시간이었습니다. 김창국 목사는 저녁상을 물리친 뒤 가족들을 모이게 했습니다.

"잘 들어라. 나라를 빼앗긴지 벌써 8년이 되었다. 자칫하면 장차 우리 민족은 우리말과 글까지 빼앗기게 될 거다. 혼을 빼앗기면 지구상에 우리 조선은 없는 거야."
"독립운동이 불길처럼 일어나면 좋겠어요. 참 오늘 전도사님, 집사님이 다녀가셨는데 무슨 일이 있었나요?"
"아, 아니요. 무슨 일은? 그냥 제주 고을 전도 문제로 만났을 뿐이오."

김창국 목사는 아내가 묻는 말에 당황하듯 얼버무렸습니다. 아내와 자녀들에게도 철저히 비밀로 하였습니다. 자칫 독립운동이 밖으로 새어나갈까 두려웠기 때문입니다. 혹 발각되더라도 가족만은 피해를 당하지 않게 하려는 생각이었습니다. 그는 세 남매들에게 말했습니다.

"아버지는 목사로서 하나님께 간절히 기도드리고 있다. 하나님 세우신 나라, 삼천리 금수강산 하나님이 사랑하는 이 나라, 빼앗긴 나라 꼭 되찾아주시라고."

김 목사의 말이 세 자녀의 마음을 강하게 움직이고 있었습니다. 어린 현승은 칼을 차고 제주 시내를 돌던 험악하게 생긴 일본 헌병을 떠올렸습니다.

'나쁜 헌병, 나쁜 헌병!'

1919년이 밝았습니다. 현승이 일곱 살이 되었습니다. 한 살 더 먹은 현승은 더욱 말과 행동이 단정해지고 의젓함을 보였습니다.

"은혜 주시기를 원하시는 우리 주 하나님께서는 나라 잃은 민족의 시련을 보시고 나라를 우리 손으로 다시 찾는 지혜와 능력을 반드시 베풀어 주시리라 믿습니다."

믿음 강한 김 목사의 성실한 목회 활동으로 성내교회는 날로 부흥되어 신자 수가 늘어나고 있었습니다. 이리 뛰고 저리 뛰는 김 목사의 발걸음도 바빠지고 있었습니다.

강대상에 오른 김 목사는 나라의 독립의지를 북돋는 설교를 함께 펼쳐갔습니다. 그는 '조선독립회생회'라는 비밀 조직을 만들었습니다. 복음에만 힘쓴 것처럼 하면서 사실은 감쪽같이 독립운동을 펼쳐나간 것입니다.

김 목사는 최정식 신도의 집에 회원들을 모이게 했습니다.

"여러분, 동경에서 유학생들이 2·8 독립선언운동을 일으켰어요. 조선반도에서도 곧 커다란 만세운동이 일어날 기미가 보입니다. 그날에 대비해서 우리 조선독립회생회도 주어진 역할을 다해 갑시다."

"목사님, 어떤 임무를 수행하면 되겠습니까?"

"회계집사님은 모금된 후원금 1만원을 이기풍 전 목사님을 만나 전해주세요. 최정식 집사님은 등사판을 구해다 놓으세요. 그리고 김창인 집사님은 임시정부 선포문, 해

외통신문 등 세 문서를 드릴 테니 등사원지에 옮겨 쓰시고요. 50매씩 인쇄하려고 합니다. 참 각자 태극기도 준비하시고요."

김 목사는 미리 문서를 배포할 역할을 맡은 다른 신도들을 따로 만나 단단히 일러두었습니다.

3월 1일, 드디어 전국에서 화산이 폭발하듯 만세운동이 일어났습니다. 제주의 조선독립회생회도 가슴 터지듯 만세운동을 이끌었습니다. 신도들이 독립을 알리는 등사 인쇄 문서를 각 면사무소에 배포하였습니다. 손에 든 태극기를 힘차게 흔들며 행진하였습니다. 그러나 독립군 군자금과 임시정부 후원금을 송금하려던 이기풍 전 목사가 일본 경찰에 발각되고 말았습니다. 눈치를 챈 고등계 형사가 이 목사의 움직임을 처음부터 끈질기게 감시하고 있었던 것입니다. 이 사건으로 60여 명이 체포되었습니다. 김창국 목사를 비롯 조 전도사, 최정식 신도 등 회원 모두가 붙잡혀 끌려갔습니다.

건강이 좋지 않았던 이기풍 전 목사는 감옥에서 눈을 감고 말았습니다. 김창국 목사는 광주지방법원 제주지청에서 정사법 및 출판법 위반으로 징역 10월에 집행유예 2년 6월을 선고 받았습니다.

"불의한 일본 법정에 구걸하지 않겠소. 깨끗이 형을 치르리다."

김 목사는 항소하지 않고 고스란히 받아들였습니다. 현승의 나이 일곱 살 때의 일입니다.

양림동 시대

1919년 4월이 되었습니다. 김창국 목사는 대한예수교 전라노회의 결정에 따라 광주 남문밖교회로 옮겨 목사직을 맡게 되었습니다. 현승도 새로운 광주의 생활을 맞게 되었습니다.

"현승아 엄마 손 잡고 학교에 가자."

"어떤 학교예요?"

"응. 아주 좋은 학교. 하나님을 믿는 학교란다. 숭일학교라고."

어머니 손을 잡고 현승은 미션계 학교인 숭일학교 초등과에 입학하였습니다. 붉은 벽돌 건물로 된 학교 교문을 들어선 현승은 가슴이 두근거리고 설레었습니다. 제주에서 왔기에 친구가 한 명도 없었습니다. 모든 게 낯설었습니다. 현승은 성경 말씀을 떠올렸습니다. '두려워 말라 내가 너희와 함께 하리라.' 이 대목을 되뇌었습니다. 마음 안에 숨어있던 용기를 끌어내려고 힘썼습니다. 그리고 선생님, 새 교실, 새 친구들과 만났습니다. 하나님을 따르는 학교라서 그런지 친절한 선생님 덕분에 현승은 마음이 놓였습니다. 이 학교는 초등과만 있는 것이 아니었습니다. 중등과도 함께 있었는데 두루마기를 입고 교모를 쓴 중등과 선배들이 의젓해 보였습니다. 현승은 본시 조용한 성격인데다 아무도 아는 사람이 없어 얌전히 굴었습니다. 가만히 친구들을 둘러보았습니다. 또래들보다 자신이 키는 커 보였지만 몸집은 약해 보였습니다. 워낙 그의 체구가 홀쭉해 보인 까닭입니다.

'책도 읽을 수 있고 새 친구도 사귀고 멋진 1학년을 보낼 수 있어'

스스로 좋은 예감을 품어보았습니다.

학교에서 돌아온 현승을 아버지 김 목사가 불러 앉혔습니다.

"오늘 학교 가니 어떤 기분이 들었냐?"

"아는 친구가 없어서 좀 부끄러웠어요. 그런데 선생님이 잘 해주셔서 용기가 생겼어요."
"허허 그래? 하나님께서 좋은 선생님을 만나게 해주셨구나. 하나님은 어떤 분이시지?"
"우리 마음에 살아 계시고 은혜를 베풀어 주십니다."
현승은 똑똑한 목소리로 아버지 물음에 답했습니다.
"옳지. 잘 알고 있구나. 하나님을 믿는 사람은 천국에 가서 하나님 모시고 영원히 축복을 누리며 살 수 있단다."
"천국에 가려면 어떻게 해야 하나요?"
"교회 잘 다니고, 기도 열심히 하면 돼. 양심과 도덕을 지켜야 하고. 네 말대로 하나님은 마음에 계셔서 한 사람 한 사람 행동을 지켜보고 계시지."
입학 첫 날, 김 목사는 둘째 아들에게 차근차근 신앙 교육을 시키셨습니다. 목사의 아들로서 반듯한 신앙인으로 키워가려는 생각이었습니다.
'정직하게 바르게 행동할 거야. 선생님 말씀 잘 듣고.'
현승은 입학 첫 날 고사리 손을 모았습니다. 기도를 드렸습니다.
"사랑 많으신 하나님, 착한 현승이가 되게 해주세요. 글도 잘 읽게 도와주세요. 좋은 친구도 사귀게 해주세요. 아멘."

양심과 도덕의 샘을 품고

교회 사택에서 매일 숭일학교를 다니는 현승의 발걸음은 날이 갈수록 생기가 돌았습니다. 기도했던 대로 낭랑한 목소리로 책을 잘 읽게 되었습니다. 선생님의 칭찬을 곧잘 들었습니다. 거기다 하나 둘 새 친구들이 주위에 생겼습니다. 그러니 하나도 외롭지 않았습니다.

현승이 아홉 살이 되었습니다. 학교에서 돌아와 마루에서 숙제를 하고 있었습니다.

"숙제하나 보구나."

아버지가 교회 일을 보시고 사택 마당으로 들어섰습니다.

"예. 일본어 쓰기 숙제예요. 일본어보다 저는 조선어 공부가 훨씬 좋아요. 쓰기도 쉽고요."

"맞는 말이다. 세종대왕께서 학자들과 만드신 한글. 어리석은 백성을 위해 만드셨다고 말씀하셨지. 어려운 한자를 못 읽고 못 쓰는 백성들이 많았던 시대니까."

"아버지, 저도 조선어 공부를 열심히 할 거예요."

숙제 공책을 밀쳐두고 현승은 아버지 앞에 한 발짝 가까이 다가왔습니다.

"천국과 지옥이 분명히 있지요?"

"있다마다. 성경에 나와 있다. 하나님을 믿고 착하게 살면 누구나 천국백성이 되고 영원한 생명을 누리게 돼. 하지만 그렇지 못하면 지옥에 떨어지고 말지."

"그럼. 남의 나라를 빼앗은 사람은 나쁜 사람이니 지옥에 가야겠지요?"

"그, 그렇지. 아암. 그러고 말고."

김 목사는 좀 당황하듯이 대답을 하고는 얼른 현승의 머리를 어루만졌습니다. 그리고 마당과 담 밖을 둘러보았습니다. 서슬 퍼런 일본 경찰과 헌병들이 감시의 고삐를 늦추지 않고 있다는 것을 매번 느끼고 있었습니다. 그는 제주에서 독립운동 사건으로 아직 집행유예 형을 살고 있는 중이었습니다. 요주의 인물로 감시의 대상이었습니다. 그러니 매사에 조심스러웠습니다.

"현승아. 너는 아직 어리니 하나님 믿고 공부 열심히 하는 데만 신경 쓰거라. 나라 일은 우리 어른들한테 맡기고. 알았지?"

"예, 알았어요."

현승은 밖을 나왔습니다. 푸른 하늘이 펼쳐져 있었습니다. 그의 눈앞에 하늘에 매달린 종탑이 다가왔습니다. 뎅그렁, 뎅그렁, 새벽 종소리가 그의 귓가에 날아와 앉는 듯했습니다. 일요일 새벽 광주천을 건너 양림동 사택까지 울려 잠에서 깨어나게 하던 종소리입니다. 북문안교회 다음으로 광주에서 두 번째인 남문밖교회 목사님이 아버지여서 현승은 자부심이 대단했습니다. 그는 교회 뒤 언덕으로 올랐습니다. 남광주역이 건너다 보였습니다. 초가집들 너머로 멀리 시내가 잡혀옵니다. 제주보다 광주가 훨씬 컸습니다. 그는 다시 하늘을 올려다보았습니다.

'하나님은 저 곳에 계시겠지. 천국도. 그 곳은 아버지가 경찰 감시를 안 받아도 되는 곳. 마음이 편안한 곳이겠다.'

현승은 알고 있었습니다. 아버지가 제주에서 독립운동을 하시다 재판을 받고 집행유예 형을 살고 있는 중이란 것을. 그럴수록 목사님 아들이기에 바른 마음가짐을 해야겠다고 다짐하곤 했습니다.

"두려워 말라. 내가 너와 함께 하리라. 놀라지 말라. 나는 네 하나님 됨이니라. 내 너를 굳세게 하리라."

현승은 사도행전 한 구절을 외웠습니다. 힘든 일이 있을 때면 늘 이 구절을 꺼내 읊조렸습니다. 신기하게 자기도 모르는 용기가 생겨나곤 했습니다. 조선 사람 모두 양심과 도덕의 명령을 좇아 용기 있게 살아가면 좋겠다고 생각했습니다. 언젠가는 꼭 일본의 손아귀에서 벗어나리라고 믿었습니다. 하나님과 약속한 것은 소중하기 그지 없다고 배웠기에 꼭 지켜야 한다고 마음속에 다져 넣었습니다.

현승은 친구랑 놀 때도 마음속으로 엄격하게 지키는 것이 있었습니다. '마음으로 죄를 범한 자는 곧 행동으로 죄를 범한 자나 다름없다'는 복음 말씀이었습니다. 어린 그였지만 친구들 하고 놀 때 항상 단정하고 거짓이 없이 바른 말을 했습니다. 그는 쓸데없는 말을 많이 하는 아이도 아니었습니다. 그래서 학교에서나 동네에서 한 마디만 툭 던져도 친구들은 현승의 말을 믿고 따랐습니다.

날쌘돌이 소년

현승은 날렵한 몸매의 소년으로 쑤욱쑥 자라났습니다. 다소 야위어 보일 만큼 군살이 별로 없는 날씬함을 지니고 있었습니다. 또래 가운데서 키가 큰 편이어 교실에서 주로 뒷자리에 앉았습니다. 운동장에서 그가 달려 나갈 때는 사냥개가 먹이를 향해 쏜살같이 달려 나가는 기세로 빨랐습니다. 치타가 밀림을 치고 나가는 모습 같기도 했습니다. 어떤 친구들은 그를 '날쌘돌이'라 부르기도 했습니다.

체육 시간 달리기는 늘상 일등을 현승이 독차지 했습니다. 우쭐댈 만도 하였으나 그 때 뿐 체육 시간이 지나면 언제 그랬냐는 듯이 다시 조용하고 과묵한 아이로 돌아갔습니다.

다른 보통학교는 교사인 훈도가 칼을 차고 학생들을 엄하게 가르쳤습니다. 위엄과 날카로운 눈빛으로 수업 시간 내내 허튼 동작을 봐 주지 않았습니다. 학교도 군대식의 분위기나 다름없었습니다. 다행히 현승이 다닌 학교는 미선계 학교여서 선생님들은 비교적 따뜻하고 자애로웠습니다. 그래서 별 두려움 없이 지낼 수 있었습니다. 현승은 하나라도 더 배우고자 반짝이는 눈빛으로 교문을 들어설 수 있었습니다.

'수신' '일본어' '조선어' '산술' '한문' '창가' '수공' '체조' 과목들 중에서 '조선어' 시간이 제일 맘에 들었습니다. 우리말을 배우고 조상의 얼을 일깨울 수 있어서 뿌듯했습니다. 어려운 일본어를 배울 때면 나라를 빼앗긴 식민지 국민의 어쩔 수 없는 슬픔이라 생각했습니다.

'나라를 되찾아야 해, 어서.'

그런 생각이 가슴을 밀고 치솟았습니다.

그 다음은 '체조' 시간입니다. 체조 시간엔 달리기나 멀리뛰기 같은 육상을 함께 할 때가 있었습니다. 실력을 실컷 뽐낼 수 있어서 신이 났습니다. '날쌘돌이' 별명대로 그는 달리기 외에도 던지기, 멀리뛰기, 맨손체조, 곤봉 등 종목마다 기량이 빼어났습니다. 그는 야무진 소년이었습니다. 은근한 고집처럼 승부욕도 강했습니다.

어느 날 선생님이 4학년 모두를 운동장으로 모이라 지시했습니다.

"반 대항 축구 시합이 있다."

"와!"

모두 싱글벙글 환호성을 질렀습니다. 현승은 반대표로 뽑혔습니다. 소매를 걷고 헌 운동화 끈을 단단히 졸라맸습니다. 생각을 한 곳에 모았습니다. 그의 눈에는 오직 축구공만 들어왔습니다. 뜨거운 힘이 온몸에 파닥거렸습니다. 그는 공격진에 자리했습니다. 호각소리와 함께 시합이 시작됐습니다.

"자, 병선아 패스, 패스!"

"앞으로 달려."

번개같이 내달리는 현승의 앞으로 공이 굴러왔습니다. 그는 공을 몰고 가며 가볍게 수비 두 명을 따돌렸습니다. 다른 수비들이 뒤늦게 달려들었지만 빠른 몸놀림으로 마저 제쳤습니다. 이제 현승은 골키퍼와 일대일 상황이었습니다.

"슛!"

현승이 내찬 공이 골키퍼가 뻗은 손을 스쳐 골대로 빨려 들어가고 있었습니다. 골이었습니다. 현승은 오른 손을 들어 보였습니다. 반 친구들에게 씨익 웃음을 보였습니다.

"현승아, 너 최고다!"

놀라운 축구 기술을 본 반 친구들이 엄지를 추켜세웠습니다. 그는 가볍게 미소로 답했습니다.

"슛, 슛! 골~!"

여러 골이 났습니다. 치타처럼 빠른 현승이 덕분에 현승이 반은 승리의 기쁨에 도취되었습니다.

"오우, 저 학생이 김창국 목사 아들이요? 장차 국가대표 선수감이네요."

"그러게 말입니다. 날쌘돌이가 우리 학교에 있어서 든든하네요. 허허허."

운동장을 둘러보시다가 시합을 구경하시던 교장 변요한 목사님이 다른 선생님과 함께 감탄을 아끼지 않았습니다. 시합이 끝난 뒤 교실로 들어오는 현승은 우쭐거리는 친구들과 달리 말없이 웃음만 짓고 있었습니다. 그러나 그의 마음속은 용기와 자신감, 그리고 자부심으로 짙게 물들고 있었습니다.

광주의 예루살렘

양림동에는 미션 학교인 수피아, 숭일학교, 이일 양성학교를 비롯 제중병원, 선교사 사택 등 기독교 관련 기관과 시설이 많았습니다. 그래서 양림동을 '광주의 예루살렘'이라 불렀습니다. 김창국 목사는 이곳에 새 교회를 세우기로 했습니다. 무등산을 마주 보고 있는 양림산 기슭 아늑한 언덕에 터를 잡기로 하였습니다. 1924년 무렵입니다. 신도 수가 늘어난 남문밖교회가 비좁아 양림동에 사는 신자들과 함께 교회를 세우기로 한 것입니다.

"목사님, 새 교회를 건축하기까지 임시로 오웬 기념각에서 예배를 드리면 어떨까요?"

"그리합시다. 교회 건축을 위해 장맹섭 장로님이 애 많이 쓰시겠네요."

 김 목사는 장맹섭 장로와 양림동에 세울 새 교회 이야기를 자주 나누었습니다.

 2년 후 김창국 목사와 장맹섭 장로의 헌신적인 노력으로 새 교회가 세워졌습니다. 양림교회입니다.

 1926년 4월 푸른 양림동산에 붉은 벽돌로 예배당이 완공되던 날, 김 목사는 하나님께 바치는 헌당식을 올렸습니다. 모든 교인들이 기도를 드리고 기쁨을 나누었습니다. 김 목사는 온화한 품성에 음악에도 자질이 뛰어났습니다. 믿음의 신도들에게 늘 부드럽고 친절한 인상을 베풀었습니다. 외국 선교사들과도 친분이 두터웠습니다.

 "제가 열세 살 때 고향 전주에서 최초로 세례를 받았었지요. 어머니와 함께요."

 "오우, 믿음이 매우매우 깊으십니다. 자녀들께서도 하나님 사랑을 많이많이 받으실 겁네다."

 김 목사와 미국에서 온 우일선 선교사가 차를 나누며 교회 이야기를 나누고 있습니다. 우일선 선교사는 본명이 윌슨입니다. 김 목사는 식사 예절이나 일상생활에서 서양적인 면을 많이 보였습니다. 양림동에 외국 선교사가 많았고, 이들과 자주 만나 친교를 나누었기 때문입니다. 외국 선교사들이 양림동 교회 사택을 찾기도 했고, 김 목사가 그들의 사택을 찾아가기도 했습니다. 어느 때는 김 목사는 아들 현승을 데리고 선교사댁을 찾아가기도 했습니다.

선교사 사택에는 예수나무라 불리는 붉은 열매를 매단 호랑이가시나무가 입구를 지키고 있었습니다. 가까이 수피아 여학교에서는 여학생들의 발랄한 웃음소리가 새어 나왔습니다.

"오우, 둘째 아드님이라 했죠? 현승 킴, 현승도 커피 한 번 마셔 보세요."

"선교사님, 고맙습니다."

현승은 꾸벅 인사를 드리고 김이 모락모락 피어오르는 커피 잔을 받아 들었습니다. 난생 처음 갈색 음료를 마시는 날입니다. 그러나 현승은 자기도 모르는 새 미간을 찌푸릴 수밖에 없었습니다. 식혜처럼 달고 맛있는 줄 알았던 음료가 씁쓰름한 맛을 풍겼습니다. 얼핏 쓴 약을 먹는 느낌이 들었습니다. 그런데 두 모금 세 모금 마실수록 달콤한 맛과 구수한 맛이 섞인 색다른 음료 맛을 풍기는 것이었습니다. 따뜻한 기운이 몸속에 스르르 퍼지고 있었습니다. 커피를 마시면서 지금까지 경험하지 못한 묘한 기분에 빠져 들었습니다.

'아, 이래서 어른들이 커피를 마시는가 봐.'
"우리 현승이. 커피를 훌쩍 다 마신 걸 보니, 서양사람 다 됐구나. 하하하."
김 목사가 채 다 못 마신 커피 잔을 쟁반에 내려놓으며 환하게 웃었습니다.

아버지 김 목사는 늘 현승과 형제들에게 바르고 단정한 마음가짐, 몸가짐을 주문하셨습니다. 김 목사는 교회에서도 엄격하고 성실한 목회자였습니다. 교인들에게 철저한 청교도 정신을 강조하였습니다. 주일날은 모든 오락을 금했습니다. 축음기도 틀지 못하게 했습니다. 운동이나 공연 관람은 더욱 허용이 안 되었습니다. 11시에 시작된 예배는 12시 사이렌 소리와 함께 정확히 끝났습니다. 필요한 말 그 이상은 금했습니다. 언제나 맺고 끊음이 정확한 깔끔한 성격이었습니다. 현승은 이런 목사 아버지의 영향을 받고 자라났습니다. 현승에게 붉은 벽돌로 새로 지어진 양림교회는 놀이터였습니다. 교회에서 십자가를 보며 예수님 사랑을 느끼며 기도하며 그렇게 보냈습니다.

또한 인자하고 자상한 어머니가 늘 현승의 곁에 계셨습니다. 어머니 양응도 여사는 이화여전을 졸업한 학식 있고 교양 있는 분이었습니다. 신앙심이 깊고 여성 운동을 이끈 지도자이기도 합니다. 어머니는 광주 YWCA 초대 회장을 지냈습니다. 여러 곳에서 기독교 지도자들이 김 목사와 양응도 여사를 만나러 양림교회를 찾았습니다. 외국 선교사들이 한국에 들르면 으레 광주 양림동을 들렀습니다. 양림동은 광주의 예루살렘이 되었습니다.

신앙심 깊은 어머니 양 여사는 현승을 비롯한 자녀들에게 부드러운 미소로 대했습니다. 그러면서도 엄격한 신앙생활을 주문했습니다.

"이 세상은 하나님 주신 동산이란다. 아름다운 세상을 허락하신 하나님께 영광을 드리고 감사드려야 한다. 우리는 하나님 원하시는 일을 해야지 세상이 좋아하는 일을 하면 안 되겠지?"

"하나님 원하시지 않는 일을 말씀해 주세요."

현승이 불쑥 질문을 드렸습니다.

"십계명에 다 기록되어 있단다. 여호와 이외의 다른 신이나 우상을 섬기지 말라고 되어 있어. 안식일을 거룩히 지키라 하였고. 또, 부모를 공경하고 살인을 하지 말라 등 열 가지 성경에서 배웠지? 예수님은 갖은 고초를 겪으며 못 박혀 돌아가셨지. 그러니 너희들은 방망이질,

장도리질도 해서는 안 되느니라. 게으름 피우고 이 핑계 저 핑계 놀러 다니는 일도 다 죄가 되느니라."

현승과 형제들은 고개를 끄덕였습니다. 어머니 말씀을 받아들이겠다는 약속이요 스스로의 다짐이었습니다.

평양 유학

1926년 3월 현승은 숭일학교 초등과를 졸업하였습니다.
"너의 형이 공부하고 있는 평양 숭실중학교로 현승이 너도 보내고 싶다. 우리나라에서 널리 알려진 미션계 학교이니 가서 열심히 공부 하거라."
"예. 아버지. 형과 함께 거기서 공부하게 돼 저도 든든해요."
그리고 일 년 후인 1927년 4월, 현승은 조선의 예루살렘으로 불리는 평양의 숭실학교에 입학하였습니다. 현승은 중학교 교복을 입었습니다. 검은 상하 교복에 검은 모자 한가운데 숭실 교표가 하얀 백선과 함께 빛났습니다. 숭실중학교는 평양 시내 조용한 곳에 자리했습니다. 대동문에서 보면 서쪽입니다.

 형 현정은 이제 숭실중학교의 선배가 되었습니다. 형은 활달한 성격으로 친구 사이에 지도력이 뛰어났습니다. 그는 중학교 학생회장을 맡았습니다. 곁에 이런 형이 있어서 현승은 외로움을 타지 않아도 되었습니다. 두 형제는 학과 공부에 빠져들었습니다. 현승은 한동안 고향 생각도 잊고 평양의 새 생활에 적응하느라 바빴습니다.

 평양 시내는 짐 실은 소달구지가 지나가고 다른 도로에는 자전거를 타고 출근하는 양복 입은 신사도 띄었습니다. 광주에서는 볼 수 없었던 큰 강 대동강이 시내 복판을 흘러나가고 있습니다. 대동강 굽이굽이 황포돛대가 유유히 떠 흘러갑니다. 황포 돛대를 바라보던 현승은 문득 어린 날 제주 산지포에서 늘 마주치던 돛단배, 고깃배들이 떠올랐습니다. 뒤이어 새 고향이 된 무등산의 광주가 새록새록 떠올랐습니다.

 '내 고향 광주. 아침을 맞은 고향은 동쪽 무등산에서 맨 먼저 둥근 아침 해가 떠올랐지. 밝은 햇살이 골목마다 비치면 눈을 비빈 고향 사람들이 일어나 바삐 움직이기 시작했어. 그래, 아침 도시는 비둘기 날갯자락처럼 번뜩거렸어.'

양림동 언덕에서 보면 아침 안개 속에 서서히 떠오르던 생기가 넘치던 고향이 멀리 평양의 현승에게로 날아들었습니다. 그리고 자상한 어머니의 미소가 그리워졌습니다. 눈시울이 붉혀지려고 했습니다.

'괜히 약해지면 안 돼.'

현승은 얼른 눈가에 맺힌 이슬을 손으로 훔쳐 닦아버렸습니다.

현승은 중학교 생활을 바쁘게 보냈습니다. 운동에 만능인 탓에 친구들과 운동을 즐겼습니다. 또 평양 시내 극장에서 가끔 영화도 보았습니다. 그리고 문학책을 도서관에서 열심히 읽었습니다.

현승은 숭실중학교가 전국을 제패한 축구 명문학교란 것을 자랑스럽게 생각하였습니다. 가슴 한 켠에는 늘 축구 선수의 꿈이 자리 잡고 있었습니다. 그는 달리기 100미터를 12초에 주파하였습니다.

"정말, 현승인 물찬제비가 영락없다니까. 공을 몰고 갈 때 보면 비호같아."

이런 찬사가 무색하지 않게 육상, 축구뿐만 아니라 그는 창던지기, 원반던지기에서도 늘 첫손 꼽는 교내 일인자였습니다.

여름으로 접어들던 어느 날, 기숙사에서 먹는 음식이 안 맞았던지 슬슬 배가 아파왔습니다. 사실 따뜻한 남쪽 광주에서 어머니가 차려준 밥상과 추운 곳 평양에 와 기숙사에서 대하는 밥상은 밥도 반찬도 많이 달랐습니다. 어느 때는 식사를 거를 때도 있었습니다. 배를 움켜잡은 현승은 통증을 견디지 못해 미간을 잔뜩 찌푸렸습니다.

"형, 요즘 배가 아파요."

"그래? 넌 초등학교 때도 가끔 배가 아프다고 했잖니? 객지에서 공부하려면 아프지 말아야 하는데…"

형이 시내 약국에서 약을 사왔습니다.

"약 사왔다. 3일 치야. 딱딱한 음식을 피하고 부드러운 음식을 먹으라고 하는구나."

현승은 물을 머금은 뒤 약을 툭툭 털어 마셨습니다. 앞으로 음식물을 가려서 먹어야겠다고 몇 번이고 되뇌었습니다.

방학을 맞아 현승은 광주로 내려왔습니다.

"속이 가끔 쓰리다고?"

"밤에는 잠이 안 올 정도로 배가 아플 때도 있어요."

어머니는 걱정이 되었습니다. 예전 제주에 살 때 혼자만 조밥을 못 먹던 현승의 어린 날이 떠올랐습니다. 분명 아들의 위장에 무슨 문제가 있다고 생각했습니다.

"식사는 규칙적으로 해야 해. 공부나 혹은 다른 무언가를 몰두하다가 식사를 거르고 하다보면 위장이 탈나는 법이야."

다음 날 어머니는 현승을 데리고 시내 병원에 갔습니다.

"여기가 아프냐?"

"예. 명치 쪽 조금 아래쪽이 쓰려요."

청진기를 여기 저기 대 본 뒤 원장이 입을 열었습니다.

"만성 위염을 앓고 있구나. 뭔가 체한 것 같은 느낌이 들 거다. 더부룩하고 불편함을 느끼고."

"예. 소화가 잘 안 된다고 하네요. 많이 못 먹겠다고 그러고요."

"그래요. 위염이 오래 돼서 소화불량을 가져오기 때문입니다. 어머님, 위장에는 버섯 마늘이 좋고요. 부드러운 음식을 들게 하십시오. 밀가루 음식, 고기 같은 건 피하는 것이 좋습니다."

어머니는 위장에 좋은 음식을 만들어 챙겨 먹였습니다. 방학 내내 현승은 녹두죽이나 버섯나물 같은 위장에 좋은 음식을 먹어야 했습니다. 하지만 그 뒤로도 배앓이는 현승을 자꾸 괴롭히는 올가미 같은 것이었습니다.

마음 속으로 시가 들어오다

　중학교 학과목 중에서 현승에게 조선어, 작문 시간이 늘 기다리는 시간이 되었습니다. 그러나 일본어 시간이 점점 늘어나고 조선어 시간이 줄어들고 있었습니다. 일본은 조선을 더욱 바짝 조여오고 점점 그 강도를 더했습니다. 조선말, 조선어를 쓰는 학생을 날카로운 눈으로 쏘아붙였습니다. 이러다가 아예 조선어 시간이 폐지되지 않을까 하는 불안감이 휩싸여 왔습니다.
　'조선 사람이 조선어를 지키지 못하면 누가 지켜줄 것인가? 배우는 학생이 조선어를 아끼고 관심을 가져야 한다.'
　현승은 조선어 시간이 돌아오면 사뭇 눈빛이 달라졌습니다. 작문 시간도 마찬가지였습니다. '문예독본'에 나오는 이광수 작가의 동화 '다람쥐'나 김소월 시인의 '금잔디' 같은 시를 공부할 때면 마구 마음이 울렁거렸습니다. 작가나 시인의 꿈을 품고 산노루처럼 푸른 글밭을 뛰어가는 자신의 모습을 그려 보았습니다.

체육 시간도 그를 펄펄 날게 만든 과목이었습니다. 그는 달리기, 던지기, 멀리뛰기에서 늘 뛰어난 기량을 보였습니다.

"육상 선수 현승이! 정말 부럽다야!"

학교 친구들이 부러운 찬사를 보냈습니다. 축구 시합 때도 그의 날렵한 동작은 보는 이의 혼을 빼앗다시피 하였습니다.

'현승이. 너는 장차 경평 축구 선수감이 분명해야. 내래 보는 눈이 정확하다 말이디. 괜히 지껄이는 말이 아니라는 거 알아주었으면 해. 알갔디?"

친구들이 너나없이 엄지를 추켜세웠습니다. 그들의 표정은 하나같이 현승의 뛰어난 운동 기량에 놀라워하는 눈치였습니다. 운동장에서 학교 선수들이 코치의 지시에 따라 연습 하는 것을 보면 코치에게 뛰어가고 싶은 충동을 여러 번 느꼈습니다.

'코치님, 저도 축구부에 들어가고 싶습니다. 빠르고 기술도 있습니다.'

작문 시간이었습니다.

"오늘은 특별히 영국 시인 로버트 부라우닝의 '피파의 노래'를 소개하겠어요."

작문 선생님이 칠판에 하얀 분필로 또박또박 시를 써내려 갑니다.

피파의 노래

때는 봄
날은 아침
아침도 일곱 시
언덕 위에 구슬처럼 맺힌 이슬
종달새 높이 떠 노래 부르고
달팽이는 덤불 위에 앉아 있고
하나님은 천국에 계시오니
세상은 모두 옳은 것 뿐.

"이 시는 극시에 나오는 한 대목입니다. 실크 공장에서 일하는 가난한 소녀 피파는 연중 단 하루 휴가 날을 맞았습니다. 그 날 아침, 소녀는 잠자리에서 일어납니다. 그녀의 마음속엔 지금 어떤 그림이 그려지고 있었을까요? 바로 위에 적은 시가 그 날 아침 그녀의 마음입니다."

시를 읽고, 선생님의 소개를 듣는 순간 현승의 가슴에 커다란 파도가 일었습니다. 뭔가 고요하고 기쁨 가득한 아침 햇살이 가슴을 향해 밀려드는 기분이었습니다. 일찍이 이런 감동을 느낀 적은 별로 없었습니다.

'아, 가난한 피파라는 소녀가 모처럼 휴가를 얻던 날, 가슴에 넘치도록 즐거움과 감사함을 맛보고 있었구나. 그래 나도 이런 비슷한 경험이 있었어. 양림동 교회 언덕에서 아침에 일어나 무등산을 바라볼 때, 어디선가 새소리 들려오고 맑고 푸른 기운이 물밀 듯 내게로 뻗쳐 왔었지. 하나님의 은혜로움이 내 영혼을 넘치도록 물들여 주듯이. 그래 그런 느낌을 솔직하게 표현하면 멋진 한 편의 시가 되는구나.'

현승의 얼굴이 활짝 펴졌습니다. 끝없이 기쁨의 시가 가슴 깊은 곳에서 솟아 올라오는 기분이 들었습니다.

'시인이 될 거다. 내가 한 편의 감동의 시를 쓴다면 읽는 독자들도 똑같이 귀를 기울여 줄 게 분명해. 왜냐면 사람의 감정은 다르지 않으니까.'

"여러분, 부라우닝의 시를 대하니 어땠어요?"
"감사한 삶이 어떤 것인가를 깨닫게 되었습니다."
"아무런 갈등이 없이 지극히 평화로운 마음을 만나게 해

주었습니다."

몇 몇 학생들이 연달아 입을 열었습니다.

"좋아요. 사람들은 희로애락의 감정을 품고 살아가지요. 기쁠 때는 웃고, 슬플 때는 눈물을 흘리고, 이별할 땐 아쉬워하고, 좋은 일이 생길 땐 어린애처럼 즐거워하지요. 그게 삶의 모습인 거예요. 피파 소녀도 마음속에 차오르는 진정한 기쁨을 감추지 못하고 노래하고 있어요. 이런 순간순간 기쁨의 언어들이 쌓여서 결국 보석처럼 가치 있는 삶을 가꾸어 가는 겁니다."

현승은 이 날 '피파의 노래' 시 수업을 두고두고 잊지 못할 것 같았습니다. 이 날 수업으로 인해 그의 생각이 굳혀졌습니다. 장차 시인이 될 것을 다짐하게 되었습니다. 커다란 시의 힘을 피부로 느낀 작문시간이었습니다.

"자 여러분도 시는 자기완성에 힘쓰는 나무에 열리는 탐스런 열매란 것을 염두에 두고 시의 나무를 가꾸고 그 열매를 익혀가는 심정으로 시를 써 보세요."

현승은 습작 공책에 수업 때 배운 대로 시를 써내려갔습니다. 그의 습작 공책에 시의 나무가 무럭무럭 자라나고 있었습니다. 때로는 자기만의 표현방식으로 색다른 시를 써보기도 했습니다. 그는 습작품 가운데 한편 〈화산〉을 학교 교지에 투고하여 실리게 되었습니다. 최초로 활자화된 현승의 작품이었습니다.

'시는 자꾸 써보는 데서 솜씨가 자란다고 하셨어. 이제부터 시 창작에 많은 시간을 사용할 거야. 시인의 길을 가야 하니까.'

교실에서, 운동장 계단에서, 기숙사에 돌아와서 때와 장소를 가리지 않고 틈만 나면 쪼그리고 앉아 시를 읊조리고 시를 썼습니다. 그는 축구 선수의 꿈을 접었습니다.

숭실전문학교 입학과 위장병

1932년 4월, 현승은 숭실전문학교 문과에 입학하였습니다. 문과에는 그가 존경하는 양주동, 이효석 교수가 강의를 맡고 있었습니다. 현승의 관심은 산문보다 시 쪽에 기울여져 있었습니다.

"산문은 걸어가는 격이요, 운문은 춤추는 격이란 말이 있어요. 프랑스 알랭이 한 말인데요. 운문과 산문을 구별해 준 말이 아니겠어요?"

시 강의 시간에 양주동 교수는 성격도 활달한데다 자신감이 넘쳤습니다. 학생 한 사람 한 사람과 눈을 맞춰가며 막힘없이 강의를 끌어갔습니다.

"발레리가 뭐라 한 줄 알아요? 보들레르의 시 한 구절은 발자크의 어느 가장 긴 장편보다 더 많은 내용과 더 넓고 깊은 뜻을 가졌다라고 했어요. 시는 그래서 여운이 있고 흥과 감칠맛이 있는데 비해 읽는 이에 따라 여러 가지 맛으로 읽혀요."

현승은 시 강의를 들으면서 마치 자석처럼 시에 대한 강렬한 끌림을 느끼고 있었습니다.

'전문학교에 진학했으니 더욱 시 창작에 채찍질을 가해야 하겠어. 진실된 감동을 붙잡아 생생하게, 그리고 참다움이 용솟음치도록.'

부라우닝의 시 '피파의 노래'를 만났을 때의 감격이 빛바래지 않도록 그 때의 기억을 꾹 눌러 가슴에 새겼습니다. 습작한 작품이 한 편 한 편 시로서의 모습을 갖추어 갈 때마다 감사가 절로 나왔습니다.

훌쩍 1년이 지났습니다. 1933년 4월, 현승은 전문 과정 2년째를 맞았습니다. 진급한지 얼마 되지 않은 어느 날 현승이 배를 움켜쥐었습니다.

"형, 도저히 참질 못하겠어요. 속이 쓰려서요."

"또 위장이 탈을 부리는가 보구나. 그 전보다 더 아프냐?"

"고통이 더 극심해요."

전문학교를 졸업하고 신학교에 다니고 있는 형과 현승은 밤새 논의를 하였습니다. 논의 끝에 일년 간 학교를 쉬고 치료를 받아보자는데 의견을 모았습니다.

현승은 휴학계를 낸 뒤 기차를 타고 광주로 내려왔습니다.

어머니는 금교 주변 천변시장에 들러 녹두를 두어 되 사 왔습니다. 시금치와 부추, 감자 등도 사왔습니다. 한약을 넣은 녹두죽을 푹 끓이고 부추즙도 짜내어 병에 담았습니다. 삶은 시금치와 찐 감자로 부드러운 반찬을 만들었습니다. 모두가 위장에 좋은 음식들이었습니다.

"꼭꼭 씹어 들거라. 거북이가 왜 오래 사는 줄 아니? 느릿느릿 음식을 소화시켜가며 잘게 씹어 삼키기 때문이란다. 어서 건강을 회복했으면 하구나."

"죄송합니다. 어머니. 1년 집에서 요양을 하고 내년에 다시 복교할까 해요."

이 때 문 두드리는 소리가 났습니다.

"사모님 둘째 아드님이 위장병으로 휴학을 했다고요? 여기 양배추즙 좀 내왔어요. 위장에 좋다고 해서요."

"고마워서 이걸 어떡하나…"

"우리 집 양반이 위장이 약해서 얼마 전 한약방에 갔더니 채소즙이 위벽을 튼튼하게 해준다고 그러시더라고요."

교회 권사님이 소식을 듣고 걱정이 되어 부랴부랴 들른 것입니다.

어머니는 손을 모으고 현승을 위해 간절히 기도를 올렸습니다.

현승은 막내 동생 현구를 귀여워하였습니다. 가끔 이제 갓 중학생이 된 막내를 데리고 숭일학교 운동장에 가서 축구공을 함께 다루기도 하고 현구에게 달리기 기술도 가르쳤습니다. 어느 때는 원반던지기 조수로 부리기도 하였습니다. 이렇게 위장병 치료를 하는 가운데 운동도 즐기면서 현승은 1933년 일 년을 양림동 집에서 보냈습니다.

시인이 되다

　1934년 현승은 스물세 살 나이가 되었습니다. 이 해 4월, 그는 다시 숭실전문학교에 복교하였습니다.
　그는 여전히 만능 운동선수의 기질을 발휘하였습니다. 전문학교 교내 체육대회에서 그는 100미터 인기 선수였습니다. 단골 우승자였습니다. 2,000미터 이어달리기에서도 스타트를 끊는 첫 주자였고 팀을 승리로 이끌었습니다. 그는 갈기를 세우고 달려 나가는 백마처럼 늘 앞서 나가곤 했습니다. 축구뿐만 아니라 농구, 배구, 탁구 등 구기 종목도 기량이 뒤지지 않았습니다.
　운동은 현승에게 순수한 세계였습니다. 거짓이 없고 정직하였기 때문입니다. 늘 도전의 세계를 열어주었습니다.

양심적인 그의 생활과 맞아 떨어졌습니다. 운동 경기는 오직 실력으로만 판가름 났습니다. 요행이 파고들 틈새를 주지 않았습니다.

'운동에는 협잡과 속임이 있을 수 없어. 정정당당한 정신을 길러주니 내가 좋아할 수밖에. 건전한 육체에 건전한 정신이 깃든다는 말도 있잖아.'

이 무렵 그의 서랍에는 수많은 메달로 빼곡했습니다. 가까운 친구들은 늘 한 마디씩 묻곤 했습니다.

"어떻게 그렇게 운동에 소질을 보이게 되었나?"

"내 기질이야. 운동을 좋아할 수밖에 없는. 운동을 좋아하다 보니 그런 기질을 얻게 되었는지도 모르고."

현승은 운동장을 나와 강의실로 향했습니다.

"자넨 문과생이면서 체육과생 못지않게 운동을 잘 해. 부러울 따름이네."

문과에서 같이 공부하는 동갑내기 김동진 친구였습니다.

"나는 음악을 잘 하는 동진이 자네가 부러운 걸. 특히 자네가 연주하는 피아노 소리."

둘은 서로 마주 보며 웃음을 날렸습니다.

"동진이. 나는 장기나 바둑 같은 놀이는 별로네. 방안에서나 즐기는 따분한 놀이 아닌가. 대지를 밟고 달리며 유쾌한 숨결을 뿜어내는 운동이야말로 우람한 기상을 드러내는데 적격이지. 또 멋진 취미가 아니겠는가."
"마땅히 우리는 젊은 청춘! 그런 대담한 용기와 힘과 열정이 필요하네."
캠퍼스를 걷는 두 사람 뒤로 3층으로 솟은 학교 뾰족 지붕이 오후 햇살에 반짝거렸습니다.

현승은 시 창작에 온 힘을 기울였습니다. 학교 공부가 끝난 방과 후에는 오직 시에 매달렸습니다. 쓰고 또 쓰고 읽고 또 읽었습니다. 잘 씌어진 작품이 아니다 싶을 땐 고개를 절레절레 흔들며 원고지를 찢어버렸습니다. 다시 습작에 매달렸습니다.

겨울방학이 왔습니다. 기숙사 학생들이 방학을 맞아 짐을 싸 고향으로 내려갔습니다. 그러나 현승은 스팀과 침대가 있는 기숙사에 남기로 했습니다. 두세 명밖에 남지 않은 4층 기숙사는 조용하다 못해 을씨년스럽기까지 했습니다. 창밖에는 하얀 눈발이 날리고 있었습니다.

'이번 겨울에 할 일이 있어. 단단히 마음먹은…'

그는 기숙사를 나와 평양 시내로 향했습니다. 북쪽 도시의 12월은 오싹한 한기가 느껴질 만큼 바람 끝이 차가웠습니다. 눈을 밟으며 찾아간 커피 점에서 값싼 커피 한 잔을 마시고 돌아왔습니다. 그는 책상 앞에 앉았습니다. 마음속에 시가 꿈틀댔습니다. 원고지를 꺼내놓고 그는 끙끙거리며 시 창작에 매달리기 시작했습니다.

"지금 상황은 어둡고 쓸쓸해. 마치 지금과 같은 겨울 저녁이랄까. 울분의 덩어리가 불타고 있어. 하지만 우리는 쓸쓸한 저녁일수록 바람 부는 추운 거리에서도 강하고 튼튼한 역사를 쌓아올려야 해."

혼잣말처럼 중얼거리던 현승이 원고지에 시를 써내려갔습니다. 이렇게 시작한 '쓸쓸한 겨울 저녁이 올 때 당신들은' 시 작품이 오랜 진통 끝에 빚어져 나왔습니다. 무려 53행이나 되는 긴 호흡의 시였습니다. 그는 다시 새 원고지를 펼쳤습니다. 또 하나의 시를 빚어낼 각오로 책상 앞에 앉았습니다. 그는 시상을 가다듬었습니다.

'쓸쓸한 겨울 저녁을 다루었으니 이제는 그 화답으로 희망의 새벽을 노래할 차례야. 눈이 부신 아침의 그 빛난 얼굴을 내 놓기까지는 아침의 선구자 어린 새벽이 있게 마련이지.'

현승은 두 번째 시를 쓰기 시작했습니다.

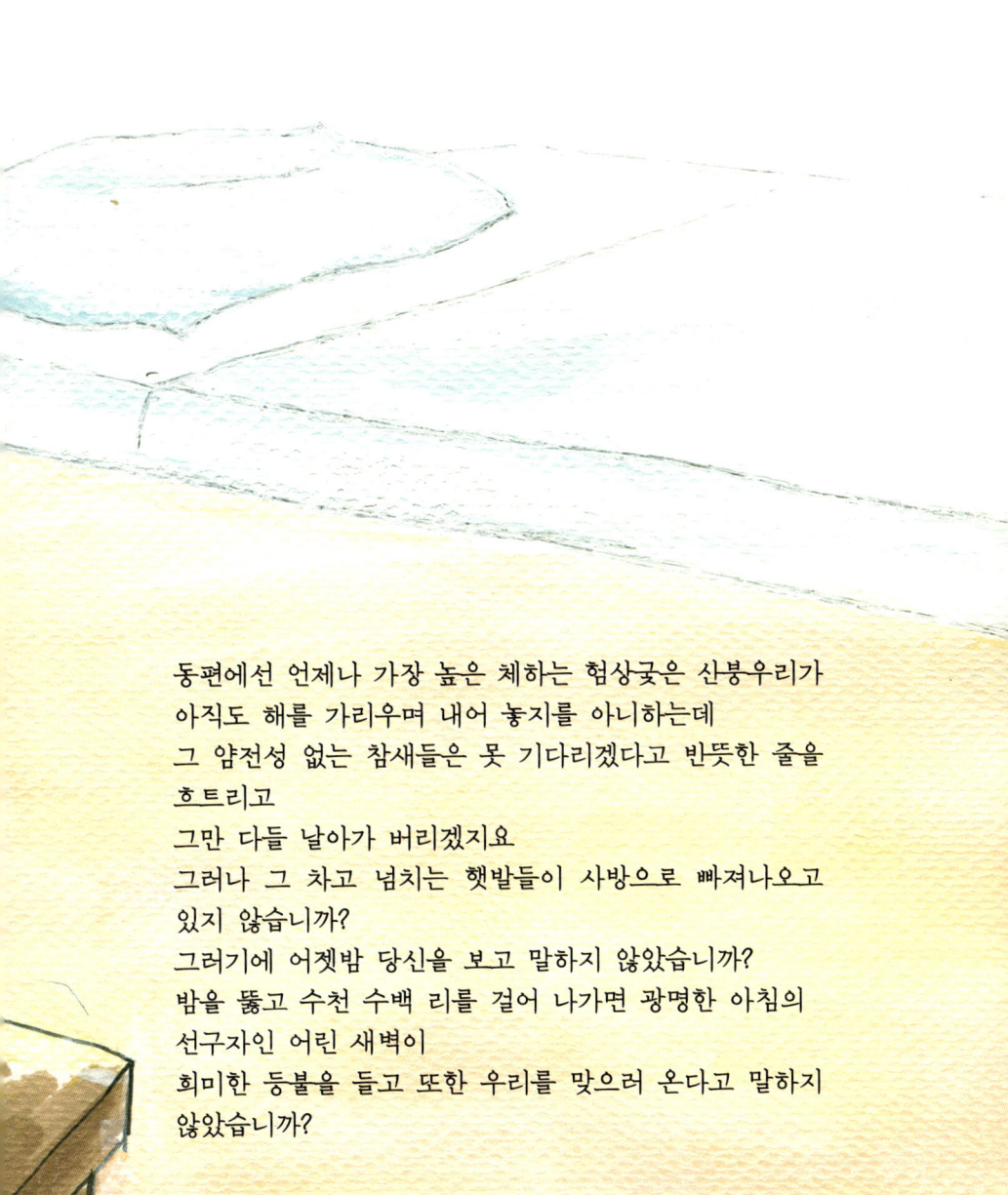

동편에선 언제나 가장 높은 체하는 험상궂은 산봉우리가
아직도 해를 가리우며 내어 놓지를 아니하는데
그 얌전성 없는 참새들은 못 기다리겠다고 반듯한 줄을
흐트리고
그만 다들 날아가 버리겠지요
그러나 그 차고 넘치는 햇발들이 사방으로 빠져나오고
있지 않습니까?
그러기에 어젯밤 당신을 보고 말하지 않았습니까?
밤을 뚫고 수천 수백 리를 걸어 나가면 광명한 아침의
선구자인 어린 새벽이
희미한 등불을 들고 또한 우리를 맞으러 온다고 말하지
않았습니까?

그는 시 '어린 새벽은 우리를 찾아온다 합니다' 마지막 부분을 이렇게 적고 있었습니다. 이 시도 40행이나 되는 긴 시였습니다. 보름 정도의 방학 기간에 밤낮을 가리지 않고 시 쓰기에 매달려 마침내 이 두 편의 시를 얻은 것입니다. 시를 쓰다가 막히면 시내에 나와 5전짜리 커피를 사 마셨습니다. 그리고 커피 점에서 시상에 잠겨 홀로 우두커니 앉아 있었습니다.

그는 두 편의 긴 시를 읽고 또 읽으며 다듬었습니다. 이 두 편의 시를 2학기 끝 무렵 교지에 투고하였습니다.

문학을 가르치던 양주동 교수가 현승을 연구실로 불렀습니다.

"시 잘 읽었네. 두 편 다 역작이야. 교지에 싣기엔 아깝다고 느꼈어. 서울의 신문사로 보낼까 하네. 자네 생각은 어떤가?"

"아, 졸작을 그리 해주신다니 고맙습니다. 교수님."

양 교수는 소개편지와 함께 두 작품을 동아일보사로 보냈습니다. 신문에 발표된 것은 1934년 5월, 현승이 전문대학 2학년에 진급한 스물세 살 봄이었습니다.

동아일보사에서는 무명이나 다름없던 현승에게 파격적인 대우를 해주었습니다. 현승의 이름과 함께 두 작품이 문화면 위쪽에 크게 연 이틀 소개되었습니다. '쓸쓸한 겨울 저녁이 올 때 당신들은'과 '어린 새벽은 우리를 찾아온다 합니다' 두 작품이 현승을 대번에 시인으로 만들어 주었습니다. 위대한 시인의 탄생을 알리는 신호탄이었습니다.

그 해《신동아》지가 시단 총평을 게재하였습니다. 평론가들은 김현승을 '혜성과 같이 나타난 시인', '내일의 촉망 받는 시인'으로 높게 평가했습니다.

학교 친구들 사이에 현승은 시인으로 불리기 시작했습니다. 문과 김동진 친구가 특히 축하를 많이 해주었습니다. 서로가 믿음이 강했고 정의감 높은 것도 닮았습니다.

"동진이. 내가 시인이 됐으니 언제 내 시에 친구가 곡을 붙여주겠나?"

"좋은 생각이군. 자네 마음에 꼭 드는 명곡을 발표할 생각이네."

"오우, 그러면 좋은 시를 많이 써야겠는 걸."

두 사람은 깊은 우정을 나누었습니다. 시인이 되어 시를 발표할 수 있다는 사실 만으로 현승은 가슴이 떨렸습니다. 그의 가슴은 시의 강물이 흘러넘쳤습니다.

어느 날 시상을 잡을까 하여 혼자 대동강가로 나왔습니다. 역사가 흐르는 강물 수면 위로 고향의 부모님 얼굴이 떠올랐습니다. 지난 겨울방학 때 뵙지 못한 탓인지 그리움이 물결 되어 출렁거렸습니다. 모란봉과 을밀대가 저만큼 잡혀왔습니다. 그들도 그리움을 안고 강물을 굽어보고 있는 듯 하였습니다. 상투를 틀고 한복을 입은 물장수가 물지게를 지고 지나갔습니다. 고향 사람 냄새를 느꼈습니다. 현승은 그리움을 품은 채 다시 시내로 접어들었습니다. 갑자기 외로움이 솟구쳐 올랐습니다.

돌아오는 길, 시내 관공서에 붉은 일장기가 나부끼고 있었습니다.

'빼앗긴 나라의 백성이 시인이 되었어. 슬픈 조선 사람들에게 위안이 되는 시를 써야 할 텐데…'

쓸쓸한 발걸음으로 현승은 기숙사로 돌아왔습니다.

귀향, 그리고 실직

1936년 봄을 맞았습니다. 현승은 문과 3학년을 수료하였습니다. 이제 졸업학년 진급을 눈앞에 두고 있었습니다.

"아아~ 아파, 배가 아파!"

점심 먹고 나서부터 배가 뒤틀렸습니다. 뱃속이 꼬인 듯 심하게 고통을 불러왔습니다. 급히 시내 병원을 찾았습니다.

"만성 위장병입니다. 소화불량이 쭈욱 있었나요?"

"예. 식사를 하면 체한 기분이 들고 배가 아파 오더라고요. 몇 년 전에도 학교를 일 년간 휴학하기도 했었습니다."

"지금 현재 속 쓰림이 크게 진행되고 있어요. 소화불량과 함께 위장병이 악화되어 있습니다. 더 이상 방치하면 위험합니다."

담당의사는 사뭇 걱정스런 표정을 지었습니다.

마지막 학년을 마치지 못한 채 급히 현승은 고향 광주로 내려와야 했습니다. 이번에도 일 년 정도 휴양을 할 생각이었습니다. 얼굴이 핼쑥해진 아들을 본 김 목사는 방에 들어와 현승의 머리에 손을 얹고 기도를 드렸습니다.

"아버지 하나님, 감사합니다. 특별히 현승에게 지혜와 능력 주서서 시인이 되게 인도해주서서 감사합니다. 시인의 길을 걷게 은혜 주서서 감사합니다. 그런데 현승이 육신의 아픔과 고통을 겪고 있습니다. 질병을 건강으로, 슬픔을 기쁨으로 바꿔주신다는 확신과 믿음을 갖게 하옵소서. 이 가정을 지켜주시고 축복하셔서 모든 근심과 걱정이 사라지게 하시옵소서. 영육 간에 건강함을 입어 당신께 헌신하는 믿음의 가정 되게 하옵소서. 예수 그리스도 이름으로 기도합니다. 아멘."

김 목사는 현승의 손을 꼭 잡았습니다.

"건강이 먼저지 공부가 우선이 아니다. 이번 기회에 위장병을 잡아보도록 하자꾸나. 그리고 당신이 시인 아들 식사를 특별히 챙겨야 하겠네요."

김 목사가 아들과 아내를 번갈아 보며 심각하게 말했습니다.

"커피도 위장에 좋지 않은 것 같다. 시를 쓰려면 건강이 뒷받침되어야 하는 법. 좋아질 때까지 커피도 자제하거라."
어머니 양여사도 강한 어조로 한 마디 거들었습니다.
'만능 운동선수가 이 무슨 부끄러운 모습이람.'
현승의 자존심이 심하게 흔들렸습니다. 어떡하든지 이번에는 위장을 고쳐볼 생각을 굳게 가졌습니다. 병원에도 들러 처방도 받고 어머니가 위장에 좋다는 음식을 차려주면 군말 않고 꼭꼭 씹어 입에 넣었습니다. 신중히 음식을 가려서 먹었습니다. 좋아하는 커피도 당분간 마시지 않기로 했습니다.
그해에 현승은 모교인 숭일학교 선생님이 되었습니다. 도쿄에 유학 가 있는 손아래 동생 현택의 학비를 대야 했습니다. 그는 초등과 학생들을 맡았습니다. 이 무렵 일제는 수업 중에 우리나라 말을 쓰지 못하게 하고 일본말을 사용하도록 강한 지침을 내렸습니다. 말을 듣지 않으면 학교까지 폐지할 수 있다고 엄포를 놓았습니다. 그리고 신사참배를 강제로 시켰습니다.
"너희들, 조국이 어디냐? 조선이다. 삼천리 반도가 우리 땅이다. 우리학교는 교회에서 운영하는 학교이다. 성경말씀을 좇아서 우리는 예수님을 우리의 구주로 모셔야 한다."

 현승은 어린 학생들에게 겨레의 얼을 일깨우고 우리말과 글을 사랑해야 한다고 가르쳤습니다.

 1937년 꽃 피는 삼월을 맞았습니다. 이 무렵 기독교재단에서 운영하는 수피아여고 교사 한 사람이 제자인 여학생과 좋아한다는 소문이 새 나왔습니다. 이를 알게 된 양림교회 청년회에서 문제의 교사를 불러다 놓고 어떻게 된 사실이냐고 몰아붙였습니다. 이 교사는 자기 잘못을 깨닫기는커녕 오히려 교회 청년회를 반일단체라고 고소했습니다. 거기에다 신사참배를 거부하는 집단이라고 누명을 씌웠습니다. 올가미에 걸리기만을 벼르고 있던 고등계 형사들은 고소장을 접수하자마자 곧 체포령을 내렸습니다.

 한밤중 2시 쯤 쾅! 문을 열고 형사들이 청년회원 집으로 들이닥쳤습니다. 13명 피의자들의 집을 급습한 형사들은 포승줄로 묶어 유치장에 가두어버렸습니다. 현승의 집에서도 목사인 아버지와 청년회원 현승, 누이동생 세 사람이 묶여 갔습니다.

 "하나님, 아버지! 당신의 은혜를 생각하옵고 감사하옵니다. 지금 부르짖는 기도를 들으시사 저희 가족을 붙들어 주시옵소서. 일본 형사들이 들이닥쳐 목사님과 아들, 딸을 잡아갔나이다. 이 시련을 극복하게 하시고 곧 이들이 돌아올 수 있도록 은혜 내려 주시옵소서. 환란 중에도 당신만을 사모하며 나아가겠나이다. 살아계신 예수님 이름으로 기도하옵나이다."

집에 홀로 남게 된 어머니 양 여사는 무릎 꿇고 간절히 기도를 올렸습니다. 김 목사는 목회자였기에 교회 청년들이 문제를 일으킨데 대한 책임을 물어 체포한 것입니다. 현승과 누이동생은 주동자로 몰려 체포되었습니다. 현승은 광주에서 50여리 떨어진 장성읍 경찰서에 갇혔습니다.

그런데 열흘, 보름이 지나도 심문 한번 없었습니다. 그러다가 어느 날 밤 복도에서 현승의 이름을 부르는 소리가 들렸습니다. 가슴이 쿵쿵거렸습니다.

"김현승 따라 와."

고등계 형사의 쏘아붙이는 말투가 사나웠습니다. 끌려간 곳은 취조실이었습니다. 여 남은 형사들이 둘러 앉아 있는 제법 큰 방이었습니다.

"김현승. 다 알고 있으니 순순히 자백 해. 교사 폭행 건, 신사참배 거부 건 말야."

"그 교사에게 잘 잘못을 따지긴 했지만은 폭행이라니요? 신사참배는 거부는 저희 학교가 하나님을 믿는 미션계 학교이니 당연한 거 아닙니까?"

"신사참배 거부도 정당하고 폭행도 안 했단 말이지?"

어깨가 뻣뻣하게 되바라진 형사가 현승의 웃옷을 벗겼습니다. 기다란 토막의자에 눕히고 밧줄로 묶었습니다. 다른 형사가 주전자의 물을 현승의 코와 입에 들이부었습니다.

"어푸, 어푸후~"

현승이 비명을 질렀습니다.

"말 해. 어서 말 해. 자백하라구."

숨이 탁 막혀왔습니다. 목구멍에 찬 물을 게워내고 온몸을 비틀며 허우적거렸습니다. 물 붓기를 잠시 멈춘 그 자가 다시 물을 쏟아 부었습니다. 이러기를 한 시간 쯤 계속 했습니다. 현승은 녹초가 되다시피 하였습니다. 다른 형사들이 조롱하듯이 현승을 바라보고 있었습니다. 어떤 자는 게슴츠레한 눈으로 노려보고 있었습니다. 몇몇은 담배를 피워 물며 건들거리고 있었습니다.

"짜아식, 말라빠진 체구를 해가지고 감히 신사참배 거부에 폭행까지? 지까짓 게 교사면 교사지. 아무 것도 모르는 하룻강아지 아냐?"

그들은 물에 빠진 생쥐 모습을 하고 있는 현승을 히히덕거리며 놀렸습니다.

새벽녘이 되었습니다. 형사들은 새벽잠을 자려는지 현

승에게 옷을 입게 했습니다. 굴 속 같은 감방으로 현승을 밀어 넣고 복도 건너편으로 뚜벅뚜벅 사라졌습니다. 참았던 슬픔 같은 분노가 터져 나왔습니다. 마룻바닥에 엎드려 어깨를 들썩이며 울었습니다.

'이 자식들, 해 볼 테면 해 봐라.'

현승은 독한 마음을 먹었습니다. 고문 같은 거 두려워 할 내가 아니다 하며 강한 의지를 불태웠습니다.

며칠 후 형사가 다시 불렀습니다. 취조실로 들어갔습니다. 책상 위에 조서와 끔찍한 쇠메가 놓여있었습니다. 서너 명의 형사가 버티고 있었습니다. 대장간에서 불에 벌겋게 달구어진 낫에 날을 내려고 내리치던 쇠메를 보니 온몸이 오싹했습니다. 금세 소름이 돋았습니다. 여기서 버티다가는 쇠메를 맞아 숨이 멎을 것이 분명했습니다. 현승은 일단 도장을 찍어주기로 마음먹었습니다. 떨리는 손으로 도장을 찍었습니다.

'재판정에 가서는 사실을 말할 거야.'

한 달의 시간이 흘렀습니다. 흩어졌던 교회 청년들이 광주경찰서 유치장에 한데 모였습니다. 그들은 불구속 기소로 일단 풀려났습니다. 그리고 광주 지방법원에서 제1심 공판이 열렸습니다. 피고들은 재판정에 섰습니다. 판사는 주모자 김현승부터 심문을 했습니다. 심문과 답변이 두 시간이나 걸렸습니다. 현승은 자초지종을 양심껏 사실대로 답변했습니다. 양심대로 시인할 것은 시인했습니다. 아닌 것은 단호히 아니라 말했습니다. 변호사의 변론이 있은 뒤 판사의 판결문이 낭독되었습니다.

"김현승, 무죄! 다른 피고들은 벌금 80원을 부과한다."

검사가 이 1심 판결을 받아들이지 못해 항소했습니다. 대구의 복심법원에 피고들이 다시 모였습니다. 서류를 넘겨본 판사가 언도를 내렸습니다.

"주모자 김현승과 다른 피고들 공히 80원 벌금형을 언도한다."

현승과 청년회 피고들은 고개를 늘어뜨렸습니다. 상고하겠다고 불만을 터뜨렸습니다.

"상고는 문제가 있습니다. 지금 시국은 일제의 무단정치가 자행되고 있어요. 중·일 전쟁이 확대되고 있고요. 잔인한 그들 총칼이 공포정치로 나아가고 있어요. 자칫하면 더 큰 화를 입을 수도 있습니다."

변호사 말에 현승은 입술을 지그시 깨물었습니다. 청년회 피고들은 변호사의 의견에 따르기로 했습니다. 벌금 80원은 큰 돈이었습니다.

교회 도움으로 가까스로 벌금을 물고 감옥신세는 면했습니다. 현승은 다시 학교로 돌아왔습니다. 시련은 여기서 그치지 않았습니다.

"이걸 어쩐다오. 신사참배 거부로 우리 학교가 폐교된다고 통지가 왔어요."

교감 선생이 아침 조회 때 착잡한 표정을 지으며 천천히 말을 꺼냈습니다.

"그 뿐만이 아니예요. 김현승 선생은 파면 통지가 날아들었어요."

'올 것이 왔구나.'

짐작은 얼마 간 하고 있었지만 현승은 파면 통보에 눈앞이 캄캄해져 왔습니다. 하루아침에 직장을 잃게 된 것입니다.

"뻐꾹뻐꾹!"

교회 뒷산 양림산에서 뻐꾸기가 슬피 울어댔습니다. 현승의 가슴에 슬픔이 밀려들어왔습니다.

사랑과 시련

　일자리에서 쫓겨난 현승은 수피아여중 음악선생으로 근무하던 장은순과 1938년 1월 약혼식을 올렸습니다. 약혼자는 기독교 장로요, 김 목사와 함께 양림교회를 창립하는 데 앞장섰던 장맹섭 장로의 딸이었습니다. 두 사람은 추운 날씨가 좀 풀린 입춘 무렵 2월에 결혼식을 올렸습니다. 가르마를 한가운데 타고 포머드를 바른 신랑은 단정하고 깔끔한 신사였습니다. 꽃다발을 가슴에 안고 면사포를 쓴 신부는 선녀처럼 고왔습니다. 검은 양복을 차려입은 현승은 다소곳한 아내의 손을 끌어 신혼 방으로 안내했습니다.
　"여보, 직장을 잃고 실의에 빠진 내게 시집 와주어서 고맙소."

"염려 놓으세요. 제가 교직에 있잖아요. 우선은 제 수입으로도 살아갈 수 있어요. 하나님께서 또 좋은 일자리를 주실 거예요."

두 사람은 방 안에서 손을 꼭 잡았습니다. 현승은 아내의 얼굴을 마주하다가 아내를 처음 만나던 날 기억 속으로 빨려들었습니다.

성탄절은 현승에게 설레는 날이었습니다. 어린 날 머리맡에는 누군가 몰래 놓아두고 간 선물꾸러미가 있었습니다. 그래서 매번 성탄절은 기다려지는 절기였습니다. 소년기를 보내고 교회 청년회 활동을 하면서부터는 성탄절 새벽 종소리와 함께 성가대원들과 캐롤 송을 부르며 골목을 돌았습니다.

"은순, 이번 성탄절엔 같은 조가 되어 교회 윗동네를 돌면 어떨까요?"

"저도 좋으네요. 현승도 노래 잘 하시잖아요. 호호."

두 사람은 새벽 일찍 같은 조가 되어 캐롤 송을 부르게 되었습니다. 천사의 소리를 함께 할 대원을 찾아 청년회원 집집을 방문하기도 했습니다. 마침 하늘에서 함박눈이 내렸습니다.

"우리 성가대를 축복해주는 하나님 선물 같아."

눈을 좋아하는 현승이 흥분을 감추지 못했습니다.
"맞아요. 캐롤 송이 더 맑게 울려 퍼지겠네요."
은순도 맞장구를 쳐주었습니다. 두 사람 사이에 따뜻한 사랑이 피어올랐습니다. 20대의 젊음과 믿음, 그리고 정열이 이 둘을 예쁜 사랑으로 묶어주었습니다.

현승은 휴학이 길어지자 마음이 조급해졌습니다.
"여보, 마저 학년을 마치고 졸업하고 돌아오겠소."
"그러세요. 집안일은 걱정하지 마시고요."
현승은 1938년 4월 평양으로 향했습니다. 숭실전문학교에 도착해보니 공교롭게도 교문이 굳게 닫혀 있었습니다. 신사참배 거부 문제로 얼마 전 문을 닫았다는 것입니다.
'이게 무슨 기구한 운명이란 말인가?'
현승의 입에서 탄식이 나왔습니다. 대동강물은 변함없이 유유히 흐르고 있었습니다. 세월은 속절없이 흘러가고 세상은 극심한 변화를 겪고 있었습니다. 그는 평양을 되돌아서 다시 광주로 돌아왔습니다.
어느 날, 광주공원에 주둔해 있던 일본군이 시가행진을 벌였습니다. 무리의 맨 앞에서 한 병사가 욱일승천기를 치켜들었습니다. 그들은 하나같이 당당하게 군화소리를 내며 걸어 나가고 있었습니다. 몇 해 전 중국과 일본 사이에 전쟁이 벌어졌습니다. 일본이 일으킨 전쟁이었습니다. 조선반도는 일본군의 전쟁을 돕는 기지 역할을 하기 시작했습니다. 전쟁물자 대느라 반도 국민들은 허리를 펴지 못할 정도였습니다. 쌀, 철물, 쇠붙이, 목화, 금속 그릇, 종, 못, 교회 십자가까지 공출로 떼어갔습니다. 학교에서는 아예 조선어, 조선역사 과목이 폐지되었습니다.

"나는 조선인이 아니다. 대일본 제국의 신민이다."

이런 구호를 외치도록 세뇌시켰습니다.

이 무렵 큰딸 옥배가 태어났습니다. 엄마 쪽을 많이 닮은 귀여운 딸이었습니다. 현승은 제대로 아버지 노릇을 하고 싶었습니다. 숭일학교 교원으로 다시 복귀하려고 했습니다. 그러나 일제의 압력 앞에 물거품이 되고 말았습니다.

'아, 학업도 계속할 수 없고, 직업도 가질 수 없고, 시 창작도 막히고…'

그는 낙심했습니다. 하염없이 지쳐갔습니다. 실의의 나날이 덧쌓여갔습니다.

밤에도 몸을 뒤척이며 잠을 못 이루었습니다. 교실에서 자신을 기다리는 초롱초롱한 눈빛들이 아른거렸습니다.

그는 나직한 목소리로 찬송가를 불렀습니다. 어수선한

마음을 가다듬을 생각이었습니다.

'사랑 많으신 하나님, 제가 일을 할 수 있도록 도와주세요.'

일자리를 갖고 싶은 절실한 마음을 기도하였습니다. 아내의 수입만으로 살아간다는 것, 그것은 현승의 자존심이 허락하지 않았습니다. 그는 광주를 떠나기로 마음 먹었습니다. 일자리를 얻는 길이라면 그 어느 곳도 찾아가리라 다짐했습니다. 마침 현승을 딱하게 여긴 친구가 일자리를 소개했습니다. 그는 멀리 평안남도 용강군 두메산골을 찾아갔습니다. 사립학교 교사 자리였습니다. 낯설고 물 설은 천하의 두메산골이었습니다. 감옥에 갇힌 기분이었습니다. 이 무렵 일제는 강제로 국민복 입기를 강요하였습니다. 또 두발을 자르라고 모든 학교에 지시하였습니다. 현승은 단연코 거부하였습니다.

"너희들 탄압이 숨통을 조여오지만, 아무리 밟혀도 길가의 방초가 말라 죽는 것 보았나? 더 질기게 살아남는다는 걸 몰라?"

현승은 혼잣말로 울분을 곱씹었습니다. 그리고 몇 달 만에 트렁크를 들고 빠져 나와 버렸습니다. 다시 황해도 홍수원 금융조합에서 근무하기도 했습니다. 전혀 성미에 맞지 않은 일이었습니다. 그러나 먹고 살기 위해 회사 일을 붙잡았습니다. 꾹 참고 주판을 튕기며 직장에 다녔습니다. 어느 날 전보가 날아왔습니다.

'어머니 별세. 급히 돌아오기 바람.'

청천벽력이었습니다. 어머니 양응도 여사가 하늘의 부르심을 받으신 것입니다.

"어머니! 어머니! 호강 한번 시켜드리지 못한 이 불효자를 용서하세요. 흑흑."

그는 어머니를 잃은 극심한 슬픔과 허탈감에 비틀거렸습니다. 엎친 데 덮친 격으로 모친상까지 당한 그는 거의 절망 상태였습니다. 현승에게 아무런 희망의 빛이 보이지 않았습니다.

삶은 참 허무했습니다. 현승은 덧없는 삶을 뼈저리게 느끼고 있었습니다. 정신을 차린 그는 몸가짐을 가다듬은 뒤 손 모아 기도를 드렸습니다.

"자비로우신 하나님, 어머님 죽음을 애통해 하는 저를 보시고 주님께서 동행하여 주옵소서. 고통과 불안을 물리쳐 주시고 어머님 영혼을 예수 그리스도 안에 거두어 주소서. 주님 품 안에 평안히 잠들다가 주님처럼 깨어나리라 믿습니다. 또한 저희에게 이 슬픔을 이길 믿음과 힘을 주옵소서."

 어머니 장례식을 치른 뒤에도 숨 막히는 힘든 시간이 나날이 이어졌습니다. 아무 것도 할 수 없는 어둠의 시간들이었습니다. 희망이 절벽인 나날, 막막한 일제 치하가 할퀴고 지나가고 있었습니다.

광복의 햇살 아래

　현승에게 청년 시절은 푸른 꿈을 펴지 못한 채 웅크리고 살아온 어둠의 시간들이었습니다. 시인이 됐지만 나라를 잃고 탄압을 받는 식민지 상황에 울분을 이기지 못한 그는 붓을 꺾어버렸습니다. 한 편의 시도 쓰지 못한 절망의 나날이었습니다.

　마침내 가혹한 시련의 장막을 걷어내는 눈부신 햇살이 반도를 비쳐왔습니다.

　1945년 8월 15일. 일제가 패망하였습니다. 삼천리 반도는 태극기의 물결로 뒤덮였습니다. 나라를 되찾은 날, 현승도 태극기를 들고 거리로 뛰쳐나갔습니다. 목이 터져라 만세를 외쳤습니다.

'누구도 하늘이 부여한 인간의 권리를 짓밟을 순 없다. 목숨과 자유, 그건 신이 주신 선물이지.'

현승은 하늘을 훨훨 나는 한 마리 새가 되어 깊숙한 자유의 숨결을 들이 마신 뒤 천천히 뱉어냈습니다.

'이제 실컷 시를 쓸 거다. 자유로운 천지에서.'

그는 그 동안의 숨죽이고 살아온 어두운 그늘을 지워냈습니다. 마음 속 칙칙한 먼지를 모조리 거두어 냈습니다. 대신 밝은 햇살을 채워 넣었습니다. 해방된 조국 강산은 꺼져가던 생명의 등불을 다시 내걸고 다들 바삐 움직였습니다.

이 무렵 산통을 앓던 아내가 아들을 낳았습니다. 큰 아들 선배입니다. 선배는 아버지 쪽을 많이 닮아 있었습니다. 현승은 자신감이 솟구쳐 오름을 느꼈습니다. 가족이 넷이 된 것입니다. 그는 하루 빨리 일자리를 얻어야겠다고 생각했습니다. 가장의 역할을 다 하고 싶었습니다.

"김현승 선생, 호남신문사 사장 이은상입니다. 우리 신문사에서 일 하실 생각 없으십니까?"

해방이 되자 새로 생긴 호남신문사에서 현승을 불렀습니다. 이은상 사장은 현승보다 열 살 위였습니다. 와세다 대학을 나와 역사와 문학을 전공하고 이화여자전문학교 교수를 지낸 널리 알려진 분이었습니다.

현승은 기자로 신문사에 들어갔습니다. 그러나 곧 그만두었습니다. 아무래도 그의 기질상 학교 쪽에서 일 하는 것이 좋겠다고 판단한 것입니다.

해방 이듬해 6월, 광주의 여러 교회에서 청년들이 모였습니다. 독립운동에 교사와 학생이 가담했고 불령선인들을 길러낸 학교로 지목되어 폐교된 숭일중학교의 문을 다시 여는 회의가 열린 것입니다.

"일제시대가 막을 내렸습니다. 새 시대에 기독교 단체의 중학교가 필요합니다."

"맞습니다. 힘을 모아 다시 학교를 일으킵시다. 모교에서 교편을 잡은 경험이 있는 김현승 선생을 모셨으면 하는데 어떤가요?"

"찬성합니다. 그 분이라면 모교를 반듯하게 다시 세우실 분이라 여겨집니다."

기독교 청년단체 추천으로 현승은 숭일중학교 초대 교감으로 취임하였습니다. 그의 나이 서른 셋이었습니다. 현승은 '믿음, 소망, 사랑'의 교훈 아래 하나님 사랑을 실천하는 학교를 재건해 나갔습니다. 자신이 솔선수범하여 아름다운 학교 만들기에 온 힘을 쏟았습니다. 그는 만능 운동선수답게 매일 방과 후 교직원들을 체육관에 모이도록 하여 탁구 시합을 가졌습니다. 건강한 교사들의 성실한 가르침으로 학생들은 즐거운 배움을 가졌습니다. 생동하는 학교를 가꾸어 가는 보람으로 현승은 미소를 지었습니다.

　이 무렵 둘째 아들이 태어났습니다. 문배입니다. 아버지와 어머니를 고루 섞어 닮은 아들이었습니다. 어느덧 자녀 셋을 거느린 가장이 된 것입니다. 아내는 집 안에 피아노를 들여놓고 자녀들에게 꿈속의 아름다운 선율을 들려주었습니다. 세 자녀는 밝고 곱게 자라났습니다.

　중학교 교감으로 근무한지 3년이 지난 1949년 6월, 현승은 교감직을 사임하였습니다. 이 해는 아버지 김창국 목사가 양림교회 25년 목회활동을 무사히 마친 해였습니다. 또한 전남노회 공로목사로 은퇴한 해이기도 했습니다. 현승은 형제들과 함께 하나님 사랑을 실천하고자 몸과 마음을 다해 교회를 이끌어 오신 아버지 김 목사께 존경과 감사를 드렸습니다.

다리 아래 떨어지다

　교감 직을 그만 둔 현승은 서울에 사는 동생을 만나볼까 하여 모처럼 서울 나들이에 나섰습니다. 한국 전쟁이 일어나기 직전 해 11월입니다. 그는 시내에서 일을 보다가 해질 녘에야 안암동 동생 현택의 집을 찾아가고 있었습니다. 그런데 밤길이 자꾸 낯설었습니다. 어디가 어딘지 분간하기가 쉽지 않았습니다.
　'이거 혹시 길을 잘못 든 건 아닌가?'
　자꾸 불안감이 고개를 들기 시작했습니다. 시외로 나갈수록 거리는 어둑해졌습니다.
　상점도 불빛이 시원치 않았습니다. 마치 어둑한 시골에 온 느낌까지 들었습니다. 그 때 전조등을 밝게 켠 승용차가 앞쪽에서 다가오고 있었습니다. 눈이 부셨습니다. 불빛을 피해 길 옆으로 비켜서서 길을 걸었습니다. 승용차가 빠르게 지나갔습니다. 현승은 무심코 길가 쪽으로 눈짐작하며 걸어 나갔습니다.

"앗!"

아차 할 새도 없었습니다. 그의 몸이 선 채로 허공에 붕 떴습니다. 그리고 속절없이 떨어지고 있었습니다. 아래로 아래로 추락하는 것이었습니다. 심장이 멎는 아찔한 순간이었습니다. 땅 속 어디에서 자기를 막 끌어당기는 기분이었습니다. 온 몸은 쭈뼛쭈뼛 굳어지고 있었습니다.

"철썩!"

바닥에 몸뚱아리가 닿는 소리였습니다. 곧 흙탕물에 주저앉아 있는 자기를 발견하였습니다. 온몸이 얼얼했습니다. 현기증이 핑 돌았습니다. 그는 비척거리며 몸의 균형을 잡았습니다. 어떻게 된 영문인지 두리번거렸습니다. 저쪽 어둠 속에서 한 떼의 사람들이 몰려왔습니다.

"어이, 어쩌다가 떨어졌어?"

우두머리인 듯한 자가 물었습니다.

"아, 괜찮소. 벼, 별 일 아니오."

현승은 억지로 웃음을 보이며 짧게 대답했습니다.

"이 자가 뭔 소리여? 다리 위에서 뚝 떨어진 걸 봤는데."

"그래도 다, 다친 데 없소."

현승은 얼버무렸습니다. 이들이 다리 밑에 넝마주이라는 것을 시간이 좀 지난 후에야 알았습니다. 현승은 다리 위쪽으로 오르려고 하천 담벽을 더듬었습니다.

"아, 저쪽 돌계단이 있으니 그리 올라가더라고."

나이가 듬직한 다른 넝마주이가 돌계단을 가리켰습니다. 현승은 더듬거리며 돌계단을 딛고 다리 위로 올라섰습니다. 그제야 몸에서 시궁창 냄새가 확 퍼져 나왔습니다. 발걸음이 무거웠습니다. 엉덩이 쪽이 지끈거렸습니다. 특별히 다른 데는 다친 것 같지 않았습니다.

'천만 다행이라고 해야 하나…'

사고가 난 곳을 살폈습니다. 승용차 불빛을 만난 곳이 공교롭게도 다리와 가까운 지점이었습니다. 곧 사고의 원인을 알아냈습니다. 다리의 폭보다 걸어온 도로의 폭이 더 넓었던 것입니다. 길 가 쪽으로 걸어오다가 폭이 좁은 다리를 발견하지 못한 채 그대로 하천으로 떨어졌던 것입니다.

"허헛."

그는 어이가 없어 헛웃음을 날렸습니다. 그러나 정말 신기한 것은 꽤 높은 데서 떨어졌는데도 큰 부상을 입지 않았다는 것입니다. 떨어질 때 본능적으로 다리를 구부리지 않고 꼿꼿하게 서서 균형을 잡은 채로 떨어졌던 것입니다.

그 다음 날 동생의 양복을 빌려 입고 사고가 난 곳을 다시 찾았습니다. 유심히 여기저기 살폈습니다. 하천 제방 높이가 세 길은 족히 넘어 보였습니다. 참으로 다행이란 생각을 하며 안도의 한숨을 내쉬었습니다.

'하나님, 지난 밤 저를 지켜주서서 감사합니다.'

절로 기도가 나왔습니다. 캄캄한 밤, 그 순간 거꾸로 곤두박질했다면… 생각하니 아찔하였습니다.

양복 세탁비 쯤 하나도 아깝지 않았습니다.

이 해 초가을, 돌을 지낸 둘째 문배가 갑작스레 급성 폐렴에 걸렸습니다. 이 병에 걸리면 특효약이 없어 어른, 아이 가릴 것 없이 죽어나갔습니다. 둘째는 경기가 나더니 얼굴이 푸르죽죽 사색이 되어 연거푸 신음소리를 냈습니다. 금방 숨이 넘어갈 기색이었습니다.

"내 다녀오리다."

현승은 광주역으로 달렸습니다. 그는 순천 가는 기차표를 끊었습니다. 순천 도립병원 약제과장이 마침 제주에 살 때 단짝친구 기영이었습니다.

"친구, 정신없이 달려 왔구만. 여기 약 지었네."

미리 연락 받은 약제과장 친구가 약 봉지를 내밀었습니다.

"고마우이. 이 은혜 잊지 않을게."

폐렴 약을 들고 현승은 머뭇거림 없이 광주로 돌아왔습니다. 둘째에게 폐렴 약을 먹였습니다. 구사일생으로 어린 생명이 다시 살아났습니다.

6·25 동란 직전 1949년은 현승에게 아슬아슬한 기억을 남겨주었습니다.

한국전쟁과 아픔

1950년 6월 25일, 6·25사변이 터졌습니다.

8월 들어 광주도 인민군 치하에 떨어졌습니다. 공산당은 종교인을 탄압하였습니다. 또 다시 숨죽이고 살아가야 하는 세상이 왔습니다. 빨간 완장을 찬 인민군과 공산당 가담자들이 사람들을 포승줄로 묶어 끌고 가는 장면이 목격되었습니다. 빨간색만 보아도 가슴이 덜컥 내려앉았습니다.

쿵! 쿵! 밤낮 없이 포성이 울리고 날카로운 총소리가 간담을 서늘케 하였습니다.

여름 들어 시름시름 앓던 아버지 김 목사가 8월이 되자 결국 병상에서 일어나지 못하고 눈을 감고 말았습니다.

"아버지! 부디 하늘나라에서 편히 사십시오. 이 지상에서 예순 여섯 해, 너무 힘들게 사셨습니다. 모든 시름과 염려 놓으시고 안식을 누리세요. 저희들에게 남긴 교훈과 믿음의 본을 이어 받아 저희도 신실하게 살아가겠습니다."

현승은 아버지의 명복을 빌었습니다. 잠깐 눈을 감고 아버지의 걸어오신 발자취를 더듬어 보았습니다.

열세 살 나이로 전주지역 최초의 세례를 받으신 일, 평양 유학생활, 전주의 여러 학교 교사직을 맡으셨던 아버지 모습이 떠올랐습니다. 불모지인 제주에서 목회생활 하면서 전도사업과 독립운동에 뛰어들었던 아버지. 그리고 광주로 옮겨 양림교회를 세우시고 지금까지 하나님 주신 사역을 충성되이 지켜 행하셨습니다. 주님의 뜻에 따라 복음사업과 목회자의 직분을 정성껏 맡아 행하신 분이셨습니다. 전국 102회의 부흥회를 인도하셨고 선구적 목회자의 모습을 잃지 않으셨습니다. 청교도적 삶을 흐트러짐 없이 지켜 오신 아버지였습니다. 바쁜 목회 활동 중에도 5남매를 훌륭하게 키워 오신 분이셨습니다.

현승 형제들은 아버지 장례식을 교회장으로 조촐히 치르고 하나님 나라로 떠나 보내드렸습니다.

9월 29일, 강진 출신 영랑 시인이 서울에서 적이 쏜 유탄을 맞고 세상을 떠났다는 슬픈 소식이 전해졌습니다.

'모란꽃이 피기까지 기다리라 노래하시더니 당신은 가시고 말았구려…'

영랑은 현승보다 열 살 위였습니다. 선배 시인의 죽음 또한 참으로 안타까운 느낌으로 다가왔습니다. 이래저래 한국전쟁은 시인 현승의 가슴을 아프게 긋고, 어두운 날들로 기억되었습니다.

유난히 길고 긴 여름이었습니다.

조선대 교수 취임

1951년이 되었습니다. 유엔군과 국군의 반격으로 남한 전역에서 인민군이 물러났습니다. 국군과 인민군은 삼팔선 부근에서 밀고 밀리는 공방전을 펼치고 있었습니다. 광주도 치안과 질서를 다시 찾았습니다.

전란 중에도 봄을 맞은 강산에 꽃이 피어났습니다. 무등산에도 진달래, 산철쭉, 산수유꽃이 활짝 만개하였습니다. 이 무렵 조금씩 사람들 가슴에는 전쟁의 상처를 씻고 평화가 찾아오리라는 자그만 희망의 싹이 돋아나고 있었습니다. 다들 소매를 걷어붙이고 가난과 전쟁의 수렁에서 빠져나오고자 땀 흘릴 준비를 하고 있었습니다.

마침 이 때 조선대에서 현승을 교수직에 초빙하고 싶다

는 연락이 왔습니다. 좋은 직장을 열망하던 현승은 즉시 승낙을 하였습니다. 이 해 4월 문리과대학 부교수직에 취임한 그는 숭실전문학교 때 공부한 시 노트와 현대시 창작에 관한 서적을 꼼꼼히 읽으며 강의록을 작성하였습니다. 그는 하얀 목련꽃이 꽃잎을 벌린 4월 첫날부터 강의실에 섰습니다. 빈틈없고 꼼꼼한 강의와 함께 엄격한 학생 지도가 이루어졌습니다. 그는 창작지도와 함께 문학이론을 가르친다는 단순한 의미를 뛰어넘고자 하였습니다.

'어려운 시대에 내가 맡은 제자들을 반듯이 지도하고 싶어. 아름다운 정서를 꽃 피울 국가의 예술적 인재로 키우고 싶어.'

푸라타나스 대학 길을 오고 가는 그의 걸음걸이에 힘이 실려 있었습니다. 원하는 일터를 못 찾아 오랜 동안 방황했던 일제시대와 비교해보면서 가슴이 벅차오름을 느꼈습니다.

현승은 동란 중 전란을 피해 지방에 내려와 있던 서정주 시인을 만났습니다. 그는 현승보다 두 살 아래였습니다.

"전쟁 통에 미당께서 고생이 많군요. 조선대에 교수 자리 한번 알아봐 줄까요?"

"허허, 김 교수께서 내 딱한 사정을 다 아시고. 그리 호의를 베풀어주신다면 고마울 따름이지요."

두 사람은 시인이란 공통점만으로 한껏 가까워졌습니다. 현승의 배려로 서정주는 1953년 봄 학기부터 조선대 문리과 부교수직에 취임할 수 있었습니다.

"참, 미당, 거처도 마땅치 않을 텐데. 우리 집에 방을 하나 내어 드릴 테니 누추하지만 편안한 마음으로 지내세요."

"아, 따뜻한 후의 정말 감사합니다."

두 사람은 함께 조선대 강의를 오고 가면서 시를 논하고 우정을 나누게 되었습니다. 6층 대학 건물은 하얀 벽돌 건물이었습니다. 삼각뿔 뾰족 지붕 위로 무등산이 우뚝 서 있었습니다. 산은 어머니처럼 두 팔을 뻗어 대학과 도시를 껴안고 있었습니다.

두 사람은 양림동 집에서 학동의 대학 사이를 걸어서 오갔습니다. 들길은 보리밭이 파랗게 물결치고 있었습니다. 싱그런 젊은 아낙들이 사뿐사뿐 대학 앞 들길을 거닐며 봄나물을 뜯고 있었습니다. 언덕길을 오르면 대학이 눈앞이었습니다. 본관 건물 6층은 공사가 채 덜 끝나 공사 자재와 모래더미가 군데군데 쌓여 있었습니다. 하지만 학생들의 학문에 대한 배움의 열기는 뜨거웠습니다. 강의실에서 마주하는 학생들의 눈빛에는 전쟁의 고통과 가난함을 이겨내려는 강렬한 의지가 고여 있었습니다.

현승의 시 강의는 전쟁을 겪는 어깨가 축 처진 낙심한 젊은이들에게 흘러들어가 소망의 강물이 되고 희망의 노래가 되었습니다.

아들의 죽음

　현승은 셋째 아들 기배를 특별히 더 예뻐했습니다. 아이는 유달리 귀엽고 늦둥이나 다름없었습니다. 기배가 막 걸어 다니기 시작할 무렵 예수님처럼 머리를 길게 기르게 했습니다. 기배가 긴 머리카락을 늘어뜨린 채 동네를 돌아다니는 모습을 볼 때마다 동네 어른들이나 교회 신도들이 손뼉을 치며 웃었습니다. 그 때마다 과묵한 현승의 얼굴에도 쓰윽 미소가 돌았습니다. 대학에서 돌아오면 셋째 기배가 웃음이고 즐거움이었습니다.
　이런 셋째가 어느 날 온 몸에 열이 불덩이 같이 달아올랐습니다.
　"아파. 아파."

숨을 가쁘게 쉬며 끙끙거렸습니다. 예전에 둘째가 폐렴에 걸렸을 때 가슴을 쓸어내렸던 경험이 있는 현승은 애가 탔습니다.

"그래, 그래 곧 나을 거다. 아빠 엄마가 기도 많이 해 줄게."
여기 저기 물어봐도 뚜렷한 병명을 몰랐습니다. 큰 병원도 못 갔습니다. 전쟁 직후라 극심한 생활고를 겪고 있을 때였습니다. 겨우 시내 약국에서 해열제를 사다 먹였을 뿐입니다. 아내는 셋째 아들 이마에 물수건을 올려놓고 아들 곁에서 끝없이 기도를 하고 있었습니다. 그러나 차도는 보이지 않았습니다. 어린 기배의 신음소리는 더욱 깊어 갔습니다.

"아가, 아가! 정신 좀 차리거라. 아빠 엄마 여기 있잖니?"
현승은 왠지 불안감이 엄습해 옴을 느꼈습니다.
"하나님 아버지. 병들어 있는 아들을 위하여 기도하옵나이다. 이 병을 이길 힘을 주시옵소서. 주의 손으로 매만지사 벌떡 일어나게 하옵소서. 저희가 무엇을 잘못했습니까? 세상일에 빠져 교만했던 일, 당신을 잊어버린 죄를 회개합니다. 주의 팔에 이 아들을 온전히 맡기오니 속히 병마를 이겨내는 힘을 주옵소서. 은혜를 베푸시옵소서. 살아계신 예수님 이름으로 간절히 비옵나이다."

속사포처럼 기도가 쏟아져 나왔습니다. 그는 눈물로 하나님께 매달렸습니다. 하지만 셋째 아들 기배는 점점 기력이 떨어져 갔습니다. 신음 소리가 희미해졌습니다.

"기배야! 기배야!"

온 식구가 울부짖으며 셋째의 이름을 불렀습니다. 네 살 짜리 어린 아들은 잠자듯이 숨을 거두었습니다.

"아가. 내 자식아. 변변히 약도 써보지 못하고 너를 보냈구나. 애미를 용서해다오. 흑흑."

아내는 차마 잠든 아들을 마주하지 못한 채 두 손으로 얼굴을 가리고 흐느꼈습니다. 현승이 작은 이불로 말없이 잠 든 아들을 덮었습니다. 그의 가슴 속에 치솟는 슬픔이 가득 물들었습니다.

'아버지가 죄가 많아서 너를 일찍 하늘나라로 보내야 했구나. 기배야, 하늘나라에서 건강하게 뛰어 놀아라. 다음에 아버지랑 또 만나자.'

아버지 현승의 두 눈에 주르르 눈물이 흘러 내렸습니다.

현승은 하늘나라로 일찍 떠나보낸 아들을 잊지 못했습니다. 늘 가슴이 먹먹하였습니다. 아들을 향한 그리움과 어린 생명의 죽음에 하나님께서 더 큰 열매로 답해 주시리란 믿음을 담아 한 편의 시를 쓰기 시작했습니다. 그 시가 〈눈물〉입니다.

눈물

더러는
옥토에 떨어지는 작은 생명이고저…

흠도 티도,
금 가지 않은
나의 전체는 오직 이 뿐!

더욱 값진 것으로
드리라 하올 제,

나의 가장 나아종 지닌 것도 오직 이뿐!
아름다운 나무의 꽃이 시듦을 보시고
열매를 맺게 하신 당신은,

나의 웃음을 만드신 후에
새로이 나의 눈물을 지어 주시다.

《신문학》 창간

'전쟁 중이라고 하지만 국내에 순문예지가 한 권도 발간되지 않다니…'

현승은 혀를 끌끌 찼습니다. 글 쓰는 문인이 작품을 발표할 문예지가 한 권도 없는 세상이 되어 버린 것입니다. 피난지 부산과 대구에서 《학원》 같은 몇 몇 잡지가 발간되긴 했으나 순문예지는 아니었습니다. 현승은 광주에서 순문예지를 내고 싶었습니다. 예술의 도시 광주라면 충분히 가능할 것으로 판단했습니다.

그는 얇은 재색 봄 코트를 입고 머리카락을 날리며 제일극장 길목으로 들어섰습니다. '신성'이란 다방 문을 열고 안으로 들어섰습니다. 중대한 일을 앞둔 비장한 각오가 그의 표정에 씌어 있었습니다.

"선생님, 기다리고 있었어요."

부드러운 여인의 목소리였습니다.

"천 화백. 잘 있었나요?"

현승도 오른 손을 들어 천경자 화가와 반갑게 인사를 했습니다.

두 사람이 잠시 얘기를 나누고 있을 때 남자 한 사람이 문을 열고 두리번거리며 들어왔습니다.

"백완기 선생, 여기요."

"와 계셨군요. 천 화백님도 별 일 없으셨고?"

"예. 더 젊어지셨어요. 호호."

"사돈 남 말 한다더니. 천경자 화백은 소녀 같아 보이는데?"

세 사람은 다방이 떠나갈 듯 웃음을 날렸습니다.

"우리 셋에 이제 손 철 작가, 최태응 작가, 이동주 시인 등이 합류할 것입니다. 혼란의 시기여서 어려움이 있지만 우리가 낸 문예지가 한국 문학 발전에 큰 기여를 할 것입니다."

현승이 정색을 하며 입을 열었습니다. 호남에서 처음 내는 순문예지라는 것, 좋은 문예지가 되도록 엄격한 편집회의를 거쳐 예술성이 높은 작품만을 선정해 싣는다는 것 등 현승의 설명이 있었습니다.
"어느 분이 주간으로 수고할 건가요?"
백완기 평론가가 궁금한 듯 물었습니다.
"제 생각으론 백 선생을 발행인으로 모시고 저는 주간으로 역할하려고 합니다."
"그래요. 음."
백완기 평론가가 선뜻 대답을 하지 않은 채 머리를 긁적였습니다.
"참 저는 어떤 역을 맡는 거죠?"
"우리 천 화백은 창간호 표지화를 멋지게 그려주셨으면 해요. 살아 꿈틀거리는 생명력 있는 자연으로요."
"그렇게 하죠. 열심히 그릴게요. 부족하지만. 호호."
"참. 백 선생, 발행인 역할 어떻게 생각하세요?"
"생각해 보니 한번 해 볼만 하다고 여겨집니다. 도와들 주시면 말입니다."
백완기의 대답을 들은 현승의 표정이 확 밝아졌습니다.
"고맙습니다. 앞으로 박 흡, 장용건, 승지행 선생들도 속속 함께 하기로 약속되어 있으니까요. 김남중 사장님도 적극 관심을 갖고 계시고요. 잘 될 겁니다."

현승의 커피 잔에는 하얀 크림을 얹은 갈색 커피가 따뜻한 김을 모락모락 피우고 있었습니다. 화사한 스카프를 목에 두른 천경자 화가가 봄소녀 같은 싱그러움을 머금은 채 말했습니다.

"김 선생님은 늘 커피 잔을 손에 들고 사시잖아요. 방금 생각났는데, 김 선생님 별칭으로 다형이라 하면 어떨까 싶네요. 호호호"

백완기가 재빨리 말을 받았습니다.

"그래 그래. 김 선생님한테 딱 어울리는 칭호군요. 허허허."

"그럼 앞으로 나를 다형이라 불러 줘요."

현승은 빙그시 미소를 지었습니다. '다형'이란 칭호가 썩 마음에 드는 모양이었습니다.

《신문학》 창간을 앞두고 호남문학을 살펴보는 좌담회가 1951년 4월 16일 오후, 광주 신문학 편집실에서 열렸습니다. 장용건, 박 흡, 이동주, 임병주, 손 철, 김해석 등이 참가했습니다. 다형 김현승은 사회를 보았습니다.

"호남문학의 뿌리를 말씀해 보실까요?"

"해방 전 목포에 호남평론 잡지가 있었어요. 문화종합지

라서 몇 분의 문인 작품만 실렸었죠."
"호남문단 하면 작품 활동을 치열하게 하는 호남출신 작가를 주목해야 합니다."
이동주, 박 흡 동인이 또박또박 연달아 말했습니다.
"그러면 제대로 된 호남 문학은 해방 이후부터이겠군요."
현승이 가지를 치듯 말했습니다.
"해방 후 최초 문학 활동은 목포에서 나온 《예술문화》였지요. 4호로 마감했지만."
"뒤이어 김남중씨가 《호남공론》을 냈었죠. 이 창간호에 아마도 시가 너댓 편, 소설이 세 편 실렸었지요."
이동주가 당시를 회상하며 조심스레 입을 열었습니다.
"어떻든 문학 인구도 적고 가난한 지방 문단에 현승씨 같은 선배가 계신다는 것은 후진으로서 든든합니다. 그런데 호남적인 향토 빛깔의 작품을 더욱 적극 빚었으면 하는 욕심이 듭니다."
"원체 그런 역량도 없거니와 한동안 문학을 단념했었으니까요. 6·25 사변 후 우리가 문총 전남 지부를 경성했다는 사실은 앞으로 호남 문화운동에 본격적인 기초를 닦아 놓았다고 할 수 있을 겁니다. 호남문학의 출발은 이제부터라고 봐야지요."

김해석의 다소 서운한 발언을 듣고 현승이 까닭을 밝히며 머뭇거림 없이 말했습니다.

"그럼 이제부터지요. 문학 분야 활동이 빈약한 것은 뭐니뭐니해도 재정 문제가 큽니다. 문학 활동을 지원하는 언론이나 기업이 필요합니다."

소아과를 운영하는 의사 손 철이 현승의 말을 받쳐주었습니다. 그 때 여류 문인에 관한 얘기가 화제로 떠올랐습니다. 장용건이 작정하듯 입을 열었습니다.

"어떤 잡지에는 두드러지게 여류 문인 작품이 많아요. 그런데 습작기가 못 지난 수준 이하의 작품들에 아무렇지 않게 지면을 할애하고 있는 것을 봤어요. 그건 작가 자신의 앞길을 망쳐버리는 위험한 짓이 아닐까 해요."

"여류건 신인이건 작품만 훌륭하면 그만입니다. 다소 손색 있는 작품일지라도 문학하는 자세가 진지하고 열의가 있다면 등단의 기회를 주어도 무방하겠지요. 다만 우리가 경계할 점은 공부도 하지 않고 여류니 뭐니 하는 특수 작품을 가지고 문학을 하나의 수단으로 이용하려 드는 경향입니다. 이런 폐단을 막기 위해서는 문학소녀나 문학청년들에 대한 문단의 권위를 엄격하게 갖추어야 할 것입니다."

현승은 이 말을 끝낸 뒤 다시 말머리를 돌렸습니다.
"지금 전시잖아요. 전시라도 순수문학의 필요성을 주장하는 사람이지만 동시에 전쟁문학에 대한 민족진영의 빈약성을 깊이 느끼게 됩니다. 6·25 사변 후 《문예》지에 모윤숙씨나 유치환씨의 전쟁에 관한 시편이 실린 것은 압니다만 일반적으로 사변 전후를 통하여 적과의 대치 내지는 전투태세에 있으면서도 민족진영 문인들의 시나 창작은 전투 현실과는 별로 관계없는 작품들이었다고 생각합니다."
말을 듣던 장용건이 고개를 갸웃하며 말을 받았습니다.
"그 개념이 문제인데, 오직 하나 뿐인 순수 문학 정신 외에 따로 목적문학으로서의 전쟁문학이 있어야 한단 말이지요?"
장용건의 물음 속에는 날카로운 뼈가 들어 있었습니다.
"전쟁문학의 새로운 창조가 아니라 소재의 확대측면에서 하는 말이오. 이를테면 향토문학이나 제2차 세계대전 때 프랑스의 저항문학을 얘기할 수 있는 것처럼 말이외다. 적어도 전쟁이 완수되는 날까지는 우리가 다루는 시나 소설의 제재는 꽃이나 달보다는 총과 칼의 정의와 증오심에 두어야겠다는 말이지요."

현승의 주장이 끝나자 장용건도 맞서듯 말했습니다.

"지금 사슴과 청산을 노래하지 말고 민족의 피와 돌진을 그려내야 한다고 말했지만, 그것은 어디까지나 사실성을 추구하는 진정한 문학 정신에서 우러나온 거라야 한다고 봅니다. 왜냐면 가령 우리가 적색문학을 물리치려는 이유의 한 가지는 그것이 반민족적이라는 점 외에 문학의 자유로움을 해치는 하나의 목적문학이기 때문 아니겠어요?"

"물론 높은 창작정신을 소홀히 하면 안 되겠지요. 나는 민족의 양심과 진실을 그려내야 하고 또 민족의 현실을 바로보아야 한다는 점을 강조한 것이에요. 장 선생은 너무 이론으로 따지려 하는군요."

그 때 박 흡이 두 사람의 순수와 참여 논쟁을 조정하려는 듯 나섰습니다.

"김현승 사회자님 의도는 잘 알겠고, 또 필요합니다. 다만 어디까지나 순수문학과 병행해서 전시이니까 의식적으로 만들어내는 목적문학이 아니라 우리의 문학 정신이 전쟁이란 현실에 부딪쳐 스스로 발생하는 삶의 문학작품이면 되지 않을까요?"

현승은 할 말이 많은 듯 했으나 짧게 대답했습니다.

"글쎄 내가 보기에는 스스로 발화하는 경향이 별로니까 하는 말 아니요."

현승은 한 시간을 훌쩍 넘긴 좌담회에서 참석자들에게서 호남 문학의 숨은 이야기를 비롯 풍성한 문학 이야기를 쏟아내도록 이끌었습니다. 원고료 문제도 끄집어냈습니다.

"고료를 주지 않고 공짜로 얻으려는 얌체들도 있어요. 지게꾼에게 짐삯은 줄 줄 알면서. 작품 활동도 정신노동이거든요."

현승의 말에 모두가 깔깔 웃었습니다.

"옳은 말씀이요. 그런데 어떤 투고 작품은 문과 학생의 습작에도 못 미치는 작품이 꽤 있다 말입니다. 그런 작품은 고료 받을 만한 자격이 없지요."

장용건이 평안도 사투리를 흘리며 말했습니다.

"남의 글을 받을 때는 원고료를 지불하고 그 반대로 고료를 받으려면 그만한 역작을 내놓아야 합니다."

화끈한 성격의 박 흡이 시원시원 말했습니다.

"호남 문인들이 중앙 무대에서도 성공하려면 어떤 자세가 필요할까요?"

현승의 질문에 묵묵히 호남 문단을 지켜온 손 철이 짧게 말했습니다.

"열심히 공부를 해야지. 독자의 가슴 울리는 좋은 작품 쓰기에 매진하는 것이 성공의 길 아닐까요?"

"그럼, 열심이 첫째지. 뚜렷한 작품 세계를 가져야 인정을 받는 거고."

고등학교 교사 박 흡도 패기차게 말을 꺼냈습니다.

현승은 신문학 잡지에 바라는 말들을 한 마디씩 마지막으로 권한 뒤 좌담회를 정리하였습니다.

이 날 좌담회에서는 작품 활동을 꾸준히 계속할 것, 작품 수준을 높일 것으로 결론을 내렸습니다. 이 날 현승은 가장 많은 발언을 했습니다. 일제 말기 붓을 꺾고 어둠 속에 갇혀 아무 것도 할 수 없었던 아픈 과거에 대한 보상이라도 하듯이 확실히 문예지 창간을 앞둔 그는 힘이 넘쳐 보였습니다.

현승이 앞장서 이끌었던 《신문학》지는 1951년 6월 1일 창간호를 세상에 선보였습니다. 도쿄 미술여자전문대학을 졸업하고 전남여고 미술교사로 재직하고 있던 천경자 화가가 그린 세 마리의 토종 개구리가 창간호 표지를 장식하였습니다. 제2호에는 널리 알려진 이동주 시인의 〈강강술래〉가 게재되었습니다. 제4호는 1953년 5월 25일 발간되었습니다. 여기에는 황순원 작가의 〈소나기〉가 실려 있습니다. 〈소나기〉는 황순원 작가가 1952년 10월 무렵 창작을 끝낸 뒤 초본을 《신문학》 편집실에 보냈고, 편집실에서 제4호에 실었던 것입니다. 소년 소녀의 슬프고도 아름다운 사랑 이야기는 이렇게 전쟁 시기 광주에서 처음 빛을 보았던 것입니다.

《신문학》 편집후기는 현승이 맡아 썼습니다. 그는 창간호 맨 뒷장에 다음과 같이 편집 후기를 기록하고 있습니다.

꿈은 실현되기 전까지가 더 아름다운가 보다. 벼르고 벼르던 호남에서는 처음 맺는 순문예지를 내놓고 보니 체제나 내용이 이 모양이다. 편집 솜씨의 둔한 탓이 애당초 그러려니와 넉넉지 못한 재원에 인쇄 시설의 결핍 등 수월찮은 애로에 부대낀 것만은 사실이다.
편집위원들의 꾸준한 열의가 식지 않았던 것을 기뻐한다. 이 열의가 식지 않는 한 앞으로 어떠한 곤란을 헤치고라도 《신문학》은 계속 성장할 수 있을 것이다. 창간호에 실린 작품들은 전부가 다 편집위원회의 합평을 거친 것들이다. 앞으로도 이 방침은 견지될 것이고 이것은 호남문학의 진정한 발전과 작은 성과에 도취되는 폐단을 막기 위하여 어느 시기까지는 필요한 일이 아닐까 생각한다.

귀찮은 청을 일일이 들어주며 그림과 판화에 수고를 아끼지 않은 천경자씨, 김두하씨 두 분께 감사를 드리지 않을 수 없다.

그는 호남지방에서 처음 발간되는 순수 문예지이기에 편집위원회까지 구성하여 서로 평을 해가면서 작품을 엄격히 선정하여 책에 싣도록 힘썼습니다. 그만큼 치열한 작가정신을 가진 시인이란 것을 증명해 보여주는 장면입니다.

창간호가 나오고 며칠 후 현승은 표지화를 그려준 천경자 화가를 시내 '아카데미다방'에서 만났습니다.

"교수님, 표지화 괜찮았어요?"

"천하의 천경자 화가 덕분에 책 인기가 대단해. 본 사람들이 감탄을 아끼지 않아요."

자기보다 열한 살 아래 스물일곱의 젊은 화가를 향해 현승도 싱그런 미소를 지어 보였습니다.

"요즘 학교생활이나 그림은 잘 돼 가나요?"

천경자 화가 얼굴에 어두운 그림자가 스쳐 지났습니다.

"저어, 얼마 전 여동생 옥희가 투병 끝에 세상을 떠났어요. 많이 슬펐어요."

"오, 그래? 쯧쯧 젊은 나이에 안 됐구만."

분위기가 가라앉은 것을 알아차린 천경자 화가 얼굴이 다시 밝아졌습니다.

"요즘 어떤 시를 쓰고 계세요?"

"경향신문에 '가을 시첩', '생명의 날' 등 몇 편 발표하고 나서 요즘 푹 쉬고 있어."

"교수님의 아름다운 시가 자주 발표되어야 저희들이 감동을 먹고 살아가지요. 좋은 시 많이 써 주세요."

두 사람은 따끈한 커피를 마시며 시 이야기를 나누었습니다.

"전쟁으로 모두가 쓸쓸해진 기분인데, 천 화가님도 쓸쓸함을 단번에 날려버릴 웅혼한 그림 예술을 꽃 피워 주어요. 이번 표지화 생명력이 엿보여서 참 좋았거든."

"그래야 겠지요. 전란으로 모두가 지치고 상처를 입고 살기에 마음의 위로가 필요하지요. 저도 열심히 그림을 그릴게요."

"천 화가님은 현재 어떤 그림을 그리고 있을까?"

"전 폐결핵으로 세상을 뜬 동생의 슬픔을 화폭에 담고 있어요. 뱀 그림이지요. '생태'라는 주제로. 섬뜩한 독사 떼가 등장하거든요."

현승은 순간 뜨끔했습니다. 그러나 짐짓 정색을 하고 말했습니다.

"천 화가님이 가족을 잃은 슬픔. 그 비극의 실체를 뱀을 통해 상징적으로 표현하는 그림이 아닐까 하는데."

"남편과도 헤어졌고요. 사랑하던 동생도 떠나가고… 극한 슬픔과 고통을 그림에 담고 있답니다."

현승은 천 화가가 그린 독사 그림이 천 화가 자신을 지켜줄 수호신이 될 수도 있을 거라 생각했습니다.

"자 커피 들어요. 식기 전에."

"다형 시인님의 커피사랑은 여전하시네요. 호호."

의욕적으로 출발한 《신문학》은 1953년 5월 25일자 네 번째 발행이 마지막 호가 되었습니다.

"아니 《신문학》 발행을 접으신다고요. 자금 탓입니까?"

신문사 문화부 기자들이 주간인 현승에게 따지듯 질문을 던졌습니다.

"자금 탓이 아니오. 좋은 작품 생산이 이어지질 않았습니다. 질적 빈곤이랄까."

현승은 착잡한 표정으로 답변했습니다. 그의 눈빛에는 아쉬움이 잔뜩 묻어 있었습니다. 그는 처음 출발 때처럼 엄격한 편집 방침인 예술성이 높은 수준작만을 싣는다는 원칙을 끝까지 지키고자 했던 것입니다.

1953년 6월 현승은 솟구치는 기대감, 의욕적인 열정으로 시작한 《신문학》을 폐간하기로 결정한 뒤 마음이 텅 빈 듯한 쓸쓸함을 맛보고 있었습니다. 그는 조선대학교 교정에서 늘 만나는 푸라타나스 나무 그늘 아래 잠시 섰습니다. 그의 가슴 속 빈 항아리에 푸른 하늘이 들어오고 푸라타나스 나무 향내가 스며들었습니다. 파란 하늘에 넓은 이파리를 적신 채 조용히 솟아 있는 푸라타나스에게 그는 따스한 인간의 영혼을 불어넣어주고 싶었습니다.

꿈을 아느냐 네게 물으면
푸라타나스
너의 머리는 어느덧 파란 하늘에 젖어 있다

너는 사모할 줄 모르나
푸라타나스
너는 네게 있는 것으로 그늘을 늘인다

먼 길에 올 제
홀로 되어 외로울 제
푸라타나스

너는 그 길을 나와 같이 걸었다

이제 너의 뿌리 깊이
나의 영혼을 불어넣고 가도 좋으련만

〈푸라타나스〉에 나타난 것처럼 다형 김현승의 영혼 속에 서서히 쓸쓸한 고독이 자리잡고 있었습니다. 그는 문인들, 혹은 제자들과 이야기할 기회가 있을 땐 고독을 넌지시 힘주어 말하곤 했습니다.

"예수님 말은 모두가 시입니다. 그의 행동도 그렇습니다. 사람 자체가 시입니다. 나는 복음 말씀을 통해 예수님이 쓴 시를 감명 깊게 읽은 느낌을 갖곤 했습니다. 그렇게 고결하고 인정 많고 부드러우면서도 강렬할 수가 없습니다. 그래서 그는 더욱 고독하게 비쳐옵니다."

참다운 고독

현승은 다방에 나가 좋아하는 커피를 시켜 마셨습니다. 여름에는 일곱 시 쯤, 겨울이면 여덟 시 쯤, 집 가까운 다방에 나가곤 했습니다. 손수 커피를 끓여 마시면 더 짙은 향기와 맛을 낼 수 있었습니다. 그러나 아침 커피만은 거의 빠짐없이 다방에 나가 마셨습니다.

"다형, 왜 일찍부터 다방에 나가 차를 드시지요?"
언젠가 가까운 아는 분이 물었습니다.
"아무도 아직 발을 들여놓지 않은 다방, 그 고요한 분위기가 좋아요. 마음에 쏙 들어요. 넓은 홀에 음악 소리도 없이 호올로 앉아 있는 그 시간을 상상해 보세요. 그 시간이 하루 중 어느 때보다 쾌적하니까요."

그는 파이프에 잎담배를 피워 물고 앉아 있으면 자신의 호젓한 모습이 얼마나 색다르게 비칠까 하는 엉뚱한 생각도 했습니다. 그리고 손님이 하나 둘 모여들기 시작하면 고요로운 호수의 수면이 깨지는 순간이어서 얼른 찻값을 치르고 나와 버리곤 했습니다.

그 날도 아무도 없는 아침 다방에 앉아 그는 생각했습니다.

'커피 같은 차는 창 밖에 외롭게 앉은 까마귀라도 보며 홀로 마시는 게 제일 좋아. 커피는 인생을 깨우며 인생을 곰곰이 생각하며 마시게 하지. 홀로 있을 때 자신을 돌아보게 되고 자신을 포함한 삶을 두루 볼 수 있는 기회가 돼.'

그는 천천히 시인 릴케의 시를 떠올렸습니다.

지금 집이 없는 사람은 집을 짓지 않을 것입니다
지금 호올로 있는 사람은 길이 호올로 있을 것입니다
깨어 읽고 또 긴 편지를 쓸 것입니다.

릴케는 생각하기 위하여 고독을 사랑하고 늘 고독을 지키려 했던 것이라고 현승은 생각했습니다.

'그는 왜 깨어 책을 뒤지며 깊은 밤 잠 이루지 못했을까?

긴 편지를 써야 했을까?'

다시금 이런 질문을 던지며 스스로 답을 찾아보았습니다. 그 까닭은 인생에 대하여 문학에 대하여 깊이 깨달은 것을 마음이 같은 벗이나 사랑하는 사람에게 알리고 싶어 했기 때문이라고 생각하였습니다. 더불어 같은 시대를 살아가는 모든 사람에게 정신의 쓸쓸함을 일깨워 그 빈항아리를 채워주려 했던 것이라고 자신의 생각을 정리했습니다.

"김 교수님 무엇을 그리 골똘히 생각하고 계셔요?"

"아, 뭐 별것 아닙니다. 마담은 가끔 집을 떠나 여행을 떠나고 싶었던 적은 없으십니까?"

퍼머 머리를 한 마담이 빙그레 웃으며 앞자리에 앉았습니다.

"어느 때 그런 적이 있었지요. 가슴이 답답하거나 막 외로울 때 말예요."

현승은 다시 커피 잔을 들어 한 모금 천천히 들이켰습니다.

"방금 난 독일의 시인 릴케가 쓴 시를 생각하고 있었어요. 그는 호올로 있기를 갈망했었지요. 그래서 혼자서 여행도 떠나고 밤 새워 독서를 했고요. 나도 가을에는 릴케처럼 집을 떠나 먼 길 방황하고 싶어져요."

"가정은 어떻게 하구요?"

마담이 흥미 있다는 표정으로 물었습니다.
"가정에 애착이 줄었거나 아내에 대해 애정이 식었다는 의미가 아니지요. 때때로 집을 떠나고 싶은 까닭은 혼자서 아무도 모를 여행지에서 생각의 방해를 받지 않으면서 깊게 인생을 헤아려보고 싶은 거지요. 아침 학교 가는 애들의 구두소리를 그리워하게 될지 모르지만….”
현승은 정말 자신이 붙잡은 고독을 먼 여행길에서 실컷 누려보기를 소망하고 있었습니다.
"사람들은 자칫 고독을 연약하고 극히 소수의 개인적인 것으로 몰아 무시하려 들지요. 난 그렇게 생각하지 않습니다. 인생을 제대로 알려면 고독의 끝까지 가 보아야 한다고 믿는 사람입니다. 참다운 고독은 인생을 넓게 볼 수 있는 눈을 달아 줍니다. 오히려 인간을 더욱 굳세게 만들어주는 것이지요."
"아, 교수님 말씀 들어보니, 고독이란 것과 허무한 기분이 다른 것이란 느낌이 드네요."
"그렇습니다. 고독과 허무를 같은 것인 양 취급하는 것은 옳지 못합니다. 허무는 그것에 사로잡힐수록 삶을 패배로 이끌지만, 고독은 그것을 극복하는 힘을 갖추게 되어 결국엔 인생의 승리자가 될 수 있게 합니다. 그래서

난 고독을 사랑합니다. 고독과 함께 나의 길을 걸으려고 합니다."

현승은 아침 다방을 나왔습니다. 마담이 문 밖까지 웃으며 배웅하였습니다.

가을의 기도

　한국전쟁이 끝나가던 1953년, 현승은 결혼 15주년을 맞고 있었습니다. 음악교사인 아내를 맞아 가시밭길을 함께 걸었고 혹독한 겨울을 함께 지냈습니다. 옥죄임과 가난의 식민지 시대를 고스란히 겪어왔습니다. 해방의 기쁨도 잠깐 좌우익 갈등 끝에 엄청난 민족끼리 죽이고 죽임을 당하는 아픔도 목격하였습니다.
　'다시는, 다시는…'
　정말 다시는 이런 비극이 이 지상에서 사라져야 한다는 생각을 하며 현승은 고개를 절레절레 흔들었습니다.
　휴전을 맞은 이 땅은 포성이 멈추었습니다. 그리고 11월이 되었습니다.

현승은 출근길에 나섰습니다. 길 위에 차고 찐득한 가을 안개가 서려 있었습니다. 학강초등학교 부근 초가지붕이 다닥다닥 붙은 골목길을 지날 때 양림 뒷산을 지나 백운동 쪽으로 기적을 울리며 기차가 지나가고 있었습니다. 힘찬 기적소리는 현승의 가슴에 부딪혀 일렁이는 물결을 만들었습니다. 번뜩이며 시상 하나 그의 뇌리를 타고 흘러들었습니다.

가장 선명한 음향으로 번역하여 주는
출발의 긴 기적이여
잠든 삼림들을
이 맑은 공기 속에 더욱 빨리 일깨우라…

'오늘도 저 힘찬 기적소리처럼 나약함, 불안감을 떨쳐버리고 젊은 제자들과 만나자. 미래는 젊은이들의 몫이니까. 저들을 깨워 희망의 기적 소리를 불어 넣어주어야 해.' 스스로 고독하다고 믿는 현승이 오늘은 굳게 다문 입 꼬리를 치켜 올리며 미소를 짓습니다.
1교시 강의가 시작되었습니다.
"보다 영원함과 진실됨과 생명감이 샘솟는 맑고 곧은 자신의 정신을 노래하도록 하기 바랍니다."

"교수님, 교수님만의 시 창작법은 뭐지요?"
앞자리에 앉은 여학생이 물었습니다.
"시의 눈으로 세상을 보고 세상을 시처럼 파악하고 세상을 시가 되도록 바꾸는 것이 나의 기법일세. 가치 있게 세상을 보면 무가치 한 건 하나도 없다네. 모든 게 시니까."
현승은 잠깐 창밖을 내다보았습니다. 교정의 푸라타나스에서 막 잎새 한 장이 떨어지고 있었습니다.
"얼마큼 세상을 시에 담고 계신다고 여기신지요?"
과 대표 학생의 질문이 이어졌습니다.
"내 안에 시어가 풍성하면 많은 세상을 시로 담고, 그렇지 않다면 언어가 따라오지 못하니 미흡할 수밖에."
그 때 맨 뒤에 앉아있던 키 커 보이는 남학생이 실눈을 번쩍거리며 입을 열었습니다.
"교수님 시어가 모자랄 리 있겠습니까? 한국 현대시 역사를 새롭게 열어 가시는 교수님이 존경스럽습니다."
"허허!"
현승은 그 학생을 보고 어색한 웃음을 지어 보였습니다. 그는 다시 창밖으로 눈을 돌렸습니다.
"낙엽들이 지고 있네. 가을과 낙엽, 다 의미가 있지. 오늘 강의는 여기까지."

가을과 낙엽을 보며 현승은 가슴을 움직이는 강렬한 느낌을 받았습니다. 그는 밤새워 시를 썼습니다.

가을에는
기도하게 하소서
낙엽들이 지는 때를 기다려 내게 주신
겸허한 모국어로 나를 채우소서

가을에는
사랑하게 하소서
오직 한 사람만을 택하게 하소서
가장 아름다운 열매를 위하여 이 비옥한
시간을 가꾸게 하소서

가을에는
호올로 있게 하소서
나의 영혼,
굽이치는 바다와
백합의 골짜기를 지나
마른 나뭇가지 위에 다다른 까마귀 같이.

형님의 죽음과 마음 속 질문

 1955년 현승은 어느 사이 마흔 둘의 중년이 되었습니다. 그는 학생들이 존경하는 무게감 있는 시인 교수였습니다. 평소에는 말수가 적되 강의 시간에는 열정을 내뿜었습니다. 정직과 양심을 강조한 반듯한 교수였고, 성실과 사랑을 호소한 따뜻한 시인이었습니다.
 어느 날 시 창작 시간, 학생들이 웅성거렸습니다.
 "왜 웅성거리는가? 시를 만만하게 보고 그러는가? 성실하지 않고는 결코 써지지 않는 것이 시인 줄 모르나?"
 강의실이 쩌렁 울릴 만큼 카랑한 목소리로 호통을 쳤습니다. 평소의 그 답지 않은 목소리였습니다. 강의실이 순간 조용해졌습니다.

"시 쓰기 전에 반드시 생각할 게 있네. 만일 쓰지 않고는 죽을 도리 밖에 없을 만큼 절실한 것인가? 스스로 묻고 답하게. 쓰지 않고는 도저히 못 견디겠다면 그 때 쓰게."
학생들은 그제야 시가 단순히 취미 삼아, 혹은 시간이 남아서 끄적거리는 가벼운 것이 아니란 것을 깨닫고 있었습니다.

며칠 후 한 여학생이 습작한 시를 현승에게 보였습니다.
"이것은 시가 아니여. 값싼 유행가 가사에 불과해. 시라는 것은 자기의 사상 감정을 자기 빛깔에 맞게 시의 언어로 빚어낸 품격 있는 창조물이지."

여학생은 부끄러움을 감추지 못했습니다. 몇 달이 지나자 그 여학생이 다시 다른 습작품을 조심스레 내보였습니다.
"음, 싹수가 있어. 여기 표현은 기성 시인 보다 나아. 시는 이처럼 강렬한 마음의 꿈틀거림에서부터 출발하는 거네."

한 쪽 입술을 삐끗 치켜 올리는 특유의 미소를 지으며 현승은 좋은 평을 해주었습니다. 현승은 전체 학생들을 주목하게 한 뒤 말을 이었습니다.

"나는 심장으로 쓰고, 다듬는 과정만 머리로 하네. 다시 말해서 심장으로 쓰고, 머리로 고치고, 다음에 손으로 정성껏 베끼는 과정을 거치는 걸세."

많은 학생들은 현승의 시 쓰기 과정을 받아들였습니다. 부끄러움을 샀던 그 여학생은 스승 현승의 창작과정을 닮아갔습니다. 쓰고 또 썼습니다. 그리고 한 신문사 신춘문예에 화려하게 당선하였습니다.

이처럼 시 창작 시간은 학생이 작품을 제출하고 함께 감상하며 보내다가 나중에 현승의 평가를 받았습니다.

"더 생각해 보게."

작품이 아니다 싶으면 현승은 단호히 작품을 돌려보냈습니다.

"내가 더 생각해 보란 의미는 어디가 잘못 되었는가 스스로 짚어보는 감각이 있어야 한다는 말. 그러지 못하면 문학적 감수성, 즉 문학을 받아들이는 더듬이가 부족하다는 거야."

학생들은 자기 작품에 무엇이 잘못 되었는지 발견하려 눈을 크게 떴습니다. 원고지 글자들을 들여다보며 꼼꼼히 고칠 곳을 짚어보게 되었습니다.

이 해에 또 하나의 슬픔 하나가 현승을 찾아왔습니다. 형님 김현정 목사가 하늘의 부르심을 받은 것입니다.

1955년 10월이었습니다. 큰형은 명석한 두뇌를 가지고 있었습니다. 둘이 평양 유학 시절, 부모님 없이도 형이 여러 문제를 척척 해결한 덕분에 학생 현승은 맘껏 공부를 할 수 있었습니다. 큰형은 매우 강직한 분이기도 했습니다. 아버지 김 목사를 빼닮은 점이기도 했습니다. 그러나 마흔여섯, 목회자로서 이제 한창 일할 나이에 돌아가셔서 현승은 슬픔이 더했습니다.

교회 성가대 반주자를 오랫동안 해오며 남편을 뒷바라지한 형수에게 다가가 현승은 위로를 드렸습니다.

'형님은 걸음걸이도 또박또박, 글씨도 또박또박, 말씀도 또박또박 그렇게 흐트러짐이 없는 분이셨지요.

"예 그이는 생각을 높게 가지신 분이었지요. 생활은 검소했구요. 청교도적 신앙생활을 실천하셨어요."

형수가 가느다랗게 흐느끼며 말했습니다.

"형제들 중 아버지를 가장 많이 닮으신 분이 형님이셨죠."

다섯 살 위로 부모님처럼 보살펴 주시던 평양 시절을 현승은 찬찬히 되새겨보았습니다. 형님이 돌아가시자 이제 현승은 집안의 장남 역할을 맡게 되었습니다.

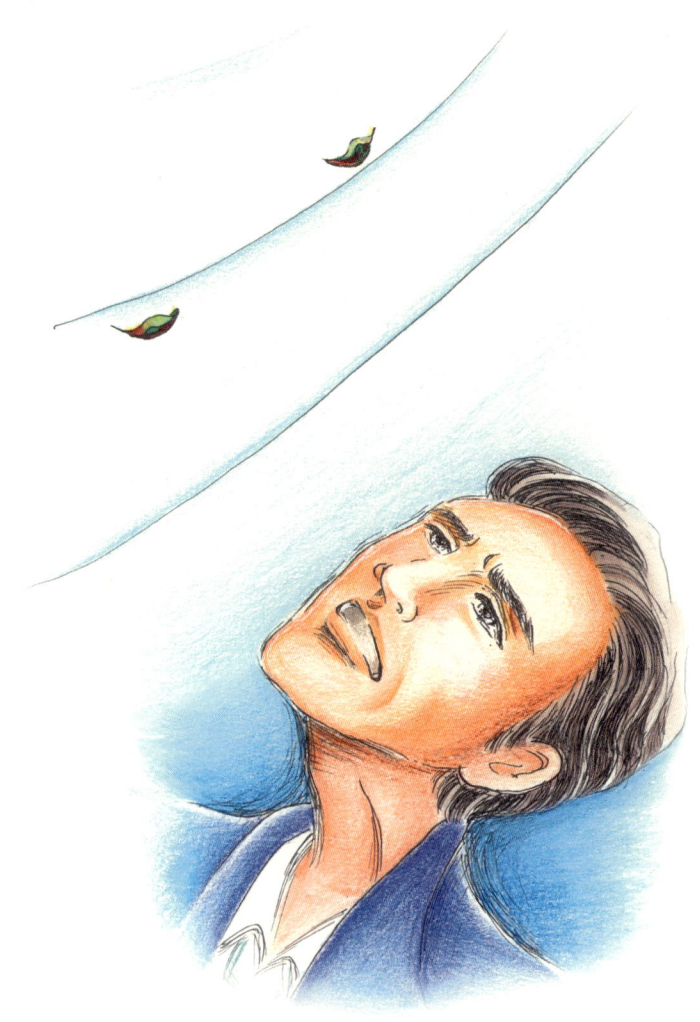

이 무렵 현승의 생각은 점점 더 깊어져 갔습니다. 고개를 푹 숙인 채 길을 걷는 날이 많아졌습니다.

'신은 한 분인데, 그렇다면 교회도 한 뿌리여야 하겠지. 그렇지만 교회 종파는 날로 늘어나고 심지어 기독교의 탈을 쓴 온갖 이단이 판을 치는 세상이야. 왜 신은 이들을 심판하지 않은 건가?'

현승은 고개를 갸웃거렸습니다. 그는 믿음에 대한 자신의 태도를 바꾸어야 하지 않을까라는 생각을 갖기 시작했습니다. 지금까지의 생각에 잘못이 있다면 스스로 바꿀 것이라고 마음먹었습니다.

'이건 아니야.'

현승은 더욱 세차게 고개를 내저었습니다.

불과 마흔 여섯, 오직 교회만을 생각하며 목회활동에 열심이던 형님이 일찍 돌아가신 것, 아직 꽃도 채 피우기 전인 네 살짜리 아들이 몇 해 전 숨을 거둔 것, 이런 장면을 떠올렸습니다. 참으로 간절히 간절히 기도했지만 피붙이들을 살리지 못했던 것입니다.

'과연 하나님은 기도를 들어주실 생각을 하고 계시는가? 그리고 하나님 명령에 따르지 않고 하나님을 빌어 신처럼 행세하며 지위를 누리는 무리들이 있는데도 왜 하나

님은 침묵하고 계신가?'

현승은 고개를 저었습니다. 그의 기도 횟수가 줄어들기 시작했습니다. 그는 서서히 신에게서 멀어질 준비를 하고 있었습니다.

제자 사랑

"교수님, 문병란이라고 합니다. 교수님 지도를 받게 되어 설렙니다."

"자네가 부속고등학교 교감께서 말하던 학생인가? 반갑네."

"그렇습니다. 교수님께서 근무하시는 조선대 진학을 적극 권하셨습니다."

현승은 문병란을 소파에 앉도록 권했습니다. 현승은 그에게 커피를 끓여 따라 주었습니다.

"1학년 때는 문예사조나 문학이론 전반적인 내용을 배우게 될 거네. 2학년 시 창작 과목에서 나랑 만나게 될 거야."

두 사람은 대학 국문과 진학 이야기로 상당한 시간을 보냈습니다. 그 다음 문단 등단 이야기도 나누었습니다.

"가르침 명심하여 창작의 혼을 불사르겠습니다."

현승은 좋은 제자를 만났다 싶어 내심 크게 기뻐했습니다. 전쟁 뒤끝이라 대학 시설은 수준이 떨어졌습니다. 학생도 그렇고 교수 또한 나을 것도 없었습니다. 다만 가르치고 배우는 열기는 참 뜨거웠습니다. 현승은 이 좋은 제자를 가르쳐 좋은 시인으로 만들어내고 싶어졌습니다.

문병란 학생이 2학년이 되었습니다. 그는 현승에게 본격적으로 시 창작 강의를 받았습니다. 현승의 강의는 꼼꼼하고 엄격했습니다. 이것 저것 예를 들고 세상일과 잡동사니를 섞어 흥미 있게 강의를 이끌었습니다. 그리고 끝 종 벨이 울리면 정확히 강의를 끝냈습니다. 자부심이 강한 성미여서 학점도 짰습니다. 과묵한 성격 탓에 학생들도 가까이 하기를 어려워하였습니다. 그러나 문병란은 존경하는 교수와의 사이에서 거리감을 크게 느끼지 않았습니다. 그는 현승을 만나려고 연구실로 가고 있었습니다. 스승은 고개를 깊이 숙이고 생각에 잠겨 푸라타나스 나무 그늘 아래를 천천히 걸어오고 있었습니다.

"교수님, 제가 습작한 작품 가져왔습니다. 지도를 받고 싶습니다."

현승은 교수 연구실로 함께 들어와 습작 공책을 건네받았습니다. 대학노트 한 권 분량이었습니다.

"놔두고 가게."

한 마디 뿐이었습니다. 그리고 한 주 뒤 두 사람은 강의실에서 만났습니다.

"자네 시 잘 읽었네. 다음 주일날 집으로 오게."

그 무렵 현승은 가족이 교회에 간 다음 혼자 집을 보면서 혼자 기도하는 독특한 신앙생활을 하고 있었습니다. 일요일 양림동으로 문병란 제자가 왔습니다. 현승은 서재에서 사색을 하고 있던 참이었습니다.

"자네 시가 잘 써졌다고 생각하나?"

"교수님 생각은…"

"완성된 시가 한 편도 없어. 재능은 엿보이는데. 익혀진 게 없다고. 다시 써 오게."

"예?"

당황한 듯 문병란은 원고지를 주섬주섬 챙겼습니다.

"아냐, 이건 놔두고 다시 써 오게."

칭찬은커녕 혹평이라니…. 하지만 문병란은 재능이 엿보인다는 부분을 위안으로 삼았습니다. 가능성이 있다는 의미였기 때문입니다.

　몇 주 후 다시 문병란이 찾아왔습니다.

　"밤새워 다시 썼습니다."

　"그 새 이렇게 많이 썼어?"

　현승은 원고를 한 장 한 장 넘겼습니다.

　"자네 집념도 알아줘야 하겠군. 그새 여러 변화가 보여."

　"그래요? 고맙습니다. 사실은 교수님, 군대에 가게 되었습니다. 그래서 인사드릴 겸 겸사겸사 들렀습니다."

　"그런가? 아쉽구만. 건강히 복무 잘 하고 돌아와 복학하면 만나세나."

　제자가 돌아간 뒤 현승은 제자가 두고 간 두툼한 원고를 다 읽었습니다. 번쩍이는 표현이 나오면 고개를 끄덕거렸습니다.

　얼마 후 군사우편이 도착했습니다. 제자의 편지였습니다. 곧 답장을 썼습니다.

　문병란 군. 군무에 열심이라니 안심이네. 자네 작품 한 편을 지방지 신문에 보냈더니 게재됐네. 오려서 함께 부치네. 자네 시가 변화된 모습 보고 기뻤네.

이런 내용으로 보낸 편지를 보고 다시 제자의 답장이 왔습니다.

저로서는 제 작품이 최초로 활자화된 영광을 주셨습니다. 덕분에 저는 부대에서 시인으로 대접 받고 있습니다.

편지를 읽는 현승은 빙긋이 미소를 지어보였습니다. 그 후 문병란은 전역을 하고 다시 대학에 복교하였습니다. 연구실에서 다시 만난 스승과 제자는 군대 얘기가 오간 후 커피에 대한 얘기를 나누었습니다.
"커피는 세 번 마시네. 먼저 고소하게 풍기는 냄새를 코로 마시지. 잔에 담긴 진한 빛깔을 눈으로 마시고, 세 번째로 한 모금 혀 위에 올려놓고 혀끝으로 마시는 거야."
둘은 커피 잔을 들었습니다. 따뜻한 정이 손끝을 타고 가슴으로 전해지는 커피 맛이었습니다. 둘은 서로 얼굴을 보며 또 한 모금 들이켰습니다. 강의실에서는 엄격했지만 강의실 밖에서 현승은 제자들과 친구였습니다.

양림동 백작의 축구 이야기

　고독의 시인 현승은 두 개의 얼굴을 가지고 있었습니다. 타고난 외로움이 그의 얼굴에 나타나 있었습니다. 사람들은 홀로 길을 걷는 그를 자주 발견하곤 했습니다. 그에겐 늘 고독의 그림자가 따라다녔습니다. 그러나 전혀 다른 장면도 그에게 따라다녔습니다. 그를 따르는 문학 지망생, 문학 제자들이 줄줄이 그를 따랐습니다. 홀로 있을 때 그가 따라 마시는 커피 잔에는 고독이 짙게 담겨 있었습니다. 여럿이 떠들썩하게 커피를 나누어 마실 때 커피 잔에는 외로움이 하나도 깃들지 않았습니다. 그 때 미소 짓는 현승의 얼굴에서는 마치 어린아이 같은 즐거움이 피어났습니다.

1956년 가을입니다. 거리에 떨어진 낙엽이 구르고 있었습니다. 가을의 시인 현승은 홈스펀 갈색 코트에 감색 머플러를 두르고 시내에 나타났습니다. 그의 머리카락에는 늦가을 햇살이 뚝뚝 떨어져 흘러내렸습니다.

시내 '노벨다방' 문을 열고 현승이 들어섰습니다.

"양림동 백작님, 이리 오세요."

"백작 칭호까지 다 얻다니…"

그는 살짜기 입술 꼬리를 비껴 올리며 미소를 지었습니다. 노벨다방은 문인 화가들이 모여 이야기꽃을 피우고 있었습니다. 퍼머 머리를 한 예쁘장한 다방 아가씨가 차 주문을 받았습니다.

"여기 힐스 브로스 커피 한 잔 갖다 줘요."

"히야. 백작님 커피 수준은 세계적이라니까. 호호호."

한복을 맵시 있게 차려 입은 마담이 분위기를 돋우었습니다. 커피를 기다리는 시간에 현승이 입을 열었습니다.

"엊그제 제1회 아시아축구선수권대회 우리가 우승했잖아요? 54년도 월드컵에선 쓴 잔을 마셨지만. 아시아에선 우리 축구가 호랑이란 걸 보여준 거라서 통쾌하더라구."

"백작님은 축구에 관심이 많으신가 봐요?"

맞은 편에 앉아있던 천경자 화가가 차를 들다 말고 물었습니다.

"모르셨어요? 다형 이 양반, 전문학교부터 축구 선수였답니다."

현승 옆에 앉은 지방신문 문화부장이 거들었습니다.

"1928년 광주 축구단이 결성되었어요. 그 때 나도 그 축에 끼었어요. 광주축구단, 당시 꽤 유명했어요. 당시 조선 최고의 팀 서울, 평양, 함흥 팀들과 승부해도 호적수가 될 정도였어요."

현승 옆 빈자리로 마담이 끼어들더니 입을 열었습니다.

"그럼 백작님 위치는 어디셨는데요?"

"나? 공격수였지. 센터포워드 아니면 라이트 윙을 주로 맡았어요. 발이 빨랐거든. 운동장에 서면 물 찬 제비처럼 날았지. 문학에 시간을 빼앗기지만 않았어도 중학 때 선수에 뽑힐 기회가 여러 번 있었어요."

모두 찻잔을 놔둔 채 놀란 눈을 하고 현승을 주시하고 있었습니다.

"1941년도던가. 그 해에 전 조선 도시대항 축구대회가 열렸어요. 우리 광주팀이 잘 나가다가 함흥팀에 2점을 내주고 결승 진출에 실패했었지. 지금 생각해도 너무 아쉬워요. 골 맛을 보고 싶었는데…"

이 날 축구 이야기로 다른 이야기는 수면 아래 잠기고 말았습니다. 그의 축구 이야기는 끝이 없었습니다.

그 후 축구 전문 잡지인 월간 《축구》 창간호에 현승은 기념 시를 발표하였습니다.

> 백 미터 십일 초의
> 든든한 다리와 허파를 가진
> 맹호와 청룡 같은 사나이들
> 사나이다운 사나이들
>
> 깃발을 꽂은
> 하늘보다 아름다운 푸른 풀밭에
> 밝은 백선을 가슴 울렁이게 두르고
> 방(放) 속에 제약을
> 용기 속에 법도를 스스로 간직하며,
> 깨끗한 기백과 육체로 맞붙어 싸우는
> 거칠으나 바르고 점잖으나 씩씩한
> 사나이다운 사나이들
>
> ~ ~ ~ ~ ~ ~ ~ ~ ~ ~ ~ ~
>
> 인생의 전부로 느끼며, 폭포 같이 내달리는
> 사나이 중의 사나이다운 혼이 있다!
> 생명의 정문으로 힘차게 골잉하는 사나이의
> 아, 순수한 기쁨이 있다.

커피를 끓이며

　마흔 네 살이 된 현승은 양림동 언덕길을 나섰습니다. 변함없는 미소로 저 앞에 무등이 반기고 있었습니다. 얼마 전까지만 해도 무등산은 갈매 빛이었습니다. 오늘 멀리 보이는 무등산 갈매 빛 등성이는 파란 하늘에 젖어 어머니처럼 다가왔습니다.
　한 계절이 지나간 오늘 무등산은 그리움을 잔뜩 품고 붉게 타오르는 가을 빛깔로 떠 있었습니다.
　'가을은 차 끓이기 좋은 계절이야.'
　무등산 깃대봉 아래 학이 날개를 편 듯한 대학 건물이 보였습니다. 그의 발등 위로 가로수 낙엽 한 잎이 팽그르르 떨어졌습니다. 그는 서둘러 걸었습니다.

어디선가 갈까마귀 울음이 긴 꼬리를 남기고 양림산 뒤쪽으로 사라졌습니다.

현승은 고개를 푹 숙인 채 학강초등학교 앞을 지나 하천가로 다가섰습니다. 십일월의 개울물이 외로움을 타듯 천천히 흘러가고 있었습니다. 물소리가 아침 공기에 묻어 귓가에 닿습니다.

'어느덧 마흔 중반이라… 첫 시집도 내야 하는데 나이만 먹어가는구나. 시집 생각을 하면 부끄러워져. 몇 해 전 시인협회에서 제1회 시인상 수상자로 나를 선정했지만 난 그걸 거부했어. 떳떳하지 못했던 거야. 시집도 없는 사람이 그 상을 받는다는 게. 공로상을 받으라는 기분이 들었지. 문인은 작품으로 떳떳이 인정받아야 해. 다행인 것은 몇 해 전 첫 번째 전라남도문화상을 수상한 거랄까.'

현승은 올 해는 꼭 첫 시집을 세상에 내놓을 거라고 스스로 속다짐을 했습니다.

벌써 대학 정문이 눈 앞입니다.

연구실에 들어온 그는 커피를 끓였습니다. 커피를 마시면서 현승은 첫 시집을 꿈꾸고 있었습니다. 그 때 그의 가슴 속으로 시 한편이 스르르 들어왔습니다.

그날 밤 집에 돌아온 그는 밤 새워 이 시를 완성하였습니다.

가을은
술보다
차 끓이기 좋은 시절…

갈까마귀 울음에
산들 여위어 가고

씀바귀 마른 잎에
바람이 지나는

남쪽 십일월의 긴긴 밤을

차 끓이며
끓이며
외로움도 향기인 양 마음에 젖는다.

그 무렵 미국에 있는 딸이 현승이 좋아하는 '힐스브로스' 란 커피를 두어 통 보내왔습니다. 그는 진한 커피를 찻잔에 타 끓이며 시를 썼습니다.
그리고 12월 드디어 서정주 시인의 주선으로 첫 시집을 세상에 선보였습니다. 『김현승 시초』를 문학사상사에서 발간한 것입니다. 첫 시집은 1934년부터 일본제국주의 끝 무렵의 붓을 꺾어버린 침묵의 시기를 지나 1950년대까지 쓴 대표작들이 실렸습니다. 〈눈물〉〈푸라타나스〉〈자화상〉〈가을의 기도〉 등 생명과 희망을 노래한 시들이 대부분입니다. 신에 관한 시, 인간의 삶에 관한 시 고루 담겨 있었습니다. 깊이있게 다룬 기독교 신앙시도 시선을 끌었습니다. 가을을 노래한 시가 많아 사람들은 현승을 '가을의 시인'이라 부르기 시작했습니다.

시인학교 제자들과 대추씨 시인

 현승의 첫 시집은 이후 많은 독자들에게 읽히고 있었습니다. 시집 속 맑고 깨끗한 시어들이 푸른 강물의 물비늘처럼 번뜩이며 살갑게 세상으로 나아갔습니다. 1950년대 말 고등학생 문순태는 선배 박봉우와 함께 이 시집을 술술 외우다시피 읊조리고 다녔습니다. 한 편 한 편마다 기도하는 마음으로 꼭꼭 다져 쓴 명품 시라는 생각을 했습니다. 그만큼 시집에서 울림을 일으키는 힘을 느꼈습니다.
 "봉우 선배, 1934년에 시인이 되셨는데, 왜 20년도 훌쩍 넘긴 지금에야 시집이 나왔을까요?"
 "내가 알아본 바로는 그분이 일제 때 여러 가지 사건을 겪으며 붓을 꺾어버렸어. 시인이 되자마자 창작을 멈추어 버린 거지. 해방 후에도 워낙 꼼꼼하고 공을 들여 한 편 한 편 시를 쓰시니까 작품 수가 적었던 거지."

두 학생은 시인학교로 알려진 시내 광주고등학교 문예부 선후배 사이였습니다. 이 둘은 죽이 맞아 늘 붙어 다니다시피 하였습니다. 그리고 〈푸라타나스〉 시를 달달 외우고 다닐 만큼 시에 관심이 많았습니다. 많은 학생들이 현승을 좋아하고 존경했지만 시인학교 문예부는 각별했습니다. 장백일, 박성룡, 윤삼하, 이성부, 문순태, 조태일, 박봉우, 이이화, 강홍기, 강태열, 김석학, 윤재성 등이 시인학교 출신이었습니다. 그들의 자부심은 대단했습니다.

양림동 김현승 시인 댁을 찾아가기로 한 전 날, 문순태는 잠을 이루지 못했습니다. 위대한 시인을 뵙는다는 것은 커다란 사건이었습니다. 밤새 그는 뒤척였습니다.

문순태는 이성부와 충장로 우체국 옆 '전봇대'라는 주점에서 3년 선배인 박봉우 시인을 만났습니다. 대학 3학년인 박봉우 시인은 두 해 전 중앙지 신춘문예에 시가 당선되어 광주에서 스타가 되어 있었습니다. 그는 시인학교 후배들에게 시 쓰기를 지도하고 있었습니다.

"순태가 대추씨 시인님을 처음 뵈는 역사적 날이라는데 기념으로 탁주 한 사발 쯤 마셔야 되지 않겠냐?"

박봉우 선배는 현승을 늘 대추씨 시인이라 불렀습니다.
"왜 대추씨 수식어가 붙는 거요?"
"이제 보면 알겠지만 김현승 시인은 볼에 살이 빠져 대추씨처럼 쭈글쭈글 하서. 하하하."
"대추씨는 작지만 단단하고 이빨로는 깰 수 없는 야무짐도 있잖아요?"
문순태의 말에 박봉우는 고개를 끄덕거리며 대답했습니다.
"맞아. 대추씨는 단단하기가 이를 데 없지. 꽃 하나에 반드시 열리는 대추 하나, 대추 한 개에 오직 하나의 씨, 더할 것도 버릴 것도 없는…, 오늘 찾아 뵐 김현승 교수님이 그래. 보기보다 깐깐하고 야무지시다."

양림동 교회 아래턱 언저리에 자리 잡은 김현승의 집은 골목길을 돌아 길 가에 있었습니다. 자그만 철제문을 열고 세 사람은 마당에 들어섰습니다. 포도 넝쿨 그늘을 지나 집필방에 도착했습니다. 건넌방에서 피아노 소리가 흘러 나왔습니다.
"자네들 왔어? 들어 와."
"오늘 처음 선생님을 뵙는 후배들입니다. 인사 드려."
문순태와 이성부는 넙죽 절을 드렸습니다. 들던 대로 현승은 마흔을 넘어서면서 부쩍 양쪽 볼 살이 빠지고 가늘고 긴 목에 주름이 튀어나 보였습니다. 그 모습이 홀쭉한 대추씨를 닮아 있었습니다. 박봉우 선배가 '대추씨 시인님'이라 부르는 이유를 알게 되었습니다.

'눈이 무척 깊고 외로움이 묻어 있으시구나.'

문순태는 현승의 첫인상을 이렇게 새겨 넣었습니다.

"교수님, 언제부터 커피를 좋아하셨어요?"

박봉우가 커피를 따르는 현승에게 불쑥 물었습니다.

"열 두 살 적부터야. 교회 사택 부근에 서양 선교사들이 묵고 있었어. 커피를 아침부터 타서 들더라고. 한 잔 두 잔 얻어 마신 게 평생 커피를 좋아하게 되었지. 시내 커피 잘 끓이는 다방이 있어. 언제 예비 시인들을 모시고 가 내 커피를 사줄까 해."

"와, 좋습니다."

문순태, 이성부 입이 쫘악 벌어졌습니다. 두어 모금 마신 문순태가 가져온 시 원고를 내밀었습니다.

"참, 교수님, 습작한 시를 가져왔습니다."

"두고 가게."

현승은 시 원고를 받아 책상 한 쪽에 올려두었습니다.

"나는 시의 맛을 커피 맛만큼 모르네. 자네들은 진짜 시의 맛을 알기 바라네. 결국 시의 맛이나 커피 맛이나 고독의 맛이 비슷할 것이지만. 커피도 좋아하지 않고 시도 쓰지 않은 사람들은 무슨 맛으로 사는지 모르겠어."

현승은 삶의 진한 맛을 고루 맛본 사람이 그윽한 커피의 향기와 같은 사람일 것이라고 말했습니다.

현승은 고등학생 문순태와 이성부를 데리고 '녹색의 장원'이라 불리는 수피아여고 뒤 푸른 언덕을 함께 거닐었습니다. 현승은 순수와 열정이 뛰는 이들의 젊음과 숨결이 좋았습니다. 몇 주 후 현승은 다시 이들을 데리고 전남대 농대 숲을 거닐며 시와 인생에 대한 이야기를 들려주었습니다. 푸라타나스 숲길을 걸을 때 문순태는 대추씨 시인님이 귀족적이면서 외롭다 싶어 보이는 푸라타나스와 많이 닮았다고 생각했습니다.

"시 푸라타나스를 좋아하면서부터 나무로 보이는 것이 아니라 인격적인 존재로 느껴지더군요."

문순태의 말을 듣고 현승은 씽긋 웃음을 보였습니다.

그 후로도 현승은 이들을 데리고 시내 노벨다방에 데려가 커피나 칼피스를 사주었습니다. 제자들을 자식처럼 친구처럼 사랑하고 스스럼없이 대해주었습니다.

산줄기에 올라

 1958년 초여름 한 낮의 해가 유월의 대지를 뜨겁게 달구고 있었습니다. 이글거리던 해가 서편으로 약간 기울면서 대지도 얼마큼 뜨거운 기운이 가시기 시작했습니다.
 현승은 오후에 천천히 양림동산을 올랐습니다. 갈참나무나 상수리나무 숲 그늘에서 머리를 식힐 요량이었습니다.
 "오매, 김 교수님, 산책 나오셨는가요?"
 "아, 예. 주말이라 좀 시간이 있어서. 어디 다녀오시려고?"
 "뽕뽕다리로 해서 충장로 좀 다녀올라고 그러요. 쪼끔 있으면 해도 질 것잉께 나무 그늘에 계시면 시원하겠구만이라."
 "고맙습니다. 조심히 다녀오세요."

동네 주민과 인사를 나눈 그는 한적한 숲 그늘 아래 나무 의자를 찾아 앉았습니다. 저 앞에 무등이 긴 품을 열어 도시를 보듬고 있었습니다. 가까운 숲에서 여름 새소리가 간간히 울려 나왔습니다.

'광주는 나의 고향. 언제라도 나를 품어주는 도시. 내가 설사 떠나더라도 나는 이 도시에 돌아와 시를 바칠 게다.'

발아래 도시는 크고 작은, 초가집과 기와집이 섞여 꽃처럼 핀 지붕들이 햇살을 받아 반짝이고 있었습니다.

'30년대는 이곳에서 초등 교사를 지냈고, 지금 50년대는 대학에서 학생들을 길러내고 있다. 그 제자들 모두 향기 맑고 예쁜 꽃송이와 같지.'

현승은 의자에서 일어섰습니다. 길에서 떨어진 숲 그늘 한 쪽에 노란 꽃 몇 송이가 피어 있었습니다. 앙증맞게 핀 돌양지꽃이었습니다. 한 송이를 뚝 딴 그는 코끝에 대고 향내를 킁킁 맡아보았습니다. 다시 돌아와 나무 의자에 앉아 자그만 꽃송이를 몇 번이고 손으로 쓰다듬다가 코로 맡다가를 반복하였습니다.

광주천에 잔잔히 냇물이 흐르고 빨래하는 몇 몇 아낙네의 움직임이 시야에 들어왔습니다.

'저 냇물도 나의 도시 한 복판을 영원히 흘러가리라.'

그는 도시를 바라보면서 자신의 기억 속에 비친 장면들을 싱그런 그림으로 한 장 한 장 새겨 넣었습니다. 그의 얼굴은 흐뭇함이 가득했습니다.

"언제고 내가 사랑할 나의 도시, 가슴을 출렁 출렁 파고 드는 이 도시를 시로 쓰기 위해 오늘 밤 나는 잠을 청하지 못할 것이 분명해."

그는 나지막한 목소리로 중얼거렸습니다.

산줄기에 올라
―K도시에 바치는

산줄기에 올라 바라보면
언제나 꽃처럼 피어 있는 나의 도시

지난 날 자유를 위하여
공중에서 꽂힌 칼날처럼 강하게 싸우던
그 곳에선 무덤들의 푸른 잔디도
형제의 이름으로 다스웠던…

그리고 지금은 기름진 평야를 잠식하며
연기를 따라 확장하여 가는 그 넓은 주변들…

지금은 언덕과 수풀 위에 새로운 지붕들이 솟아올라

학문과 시와 밤중의 실험관들이
무형의 드높은 탑을 쌓아올리는 그 상아의 음향들…

산줄기에 올라 바라보면
언제나 꽃처럼 피어 있는 나의 고향…
길들은 치마끈인 양 풀어져
낯익은 주점과 책사와 이발소와
잔잔한 시냇물과 푸른 가로수들을
가까운 이웃을 손잡게 하여 주는…

그리고 아침과 저녁에
공동으로 듣는 기적 소리는
멀고 먼 곳을 나의 꿈과 타고난 슬픔을 끌고 가는…

아아, 시름에 잠길 땐 이 산줄기에 올라 노래를 부르고,
늙으면 돌아와 추억의 안경으로 멀리 바라다 볼
사랑하는 나의 도시―시인들이 자라던 나의 고향이여!

그의 고향 광주에 대한 사랑이, 집념과 애착이 어떠한지를 시 〈산줄기에 올라〉가 잘 말해 줍니다. '언제나 꽃처럼 피어있는 나의 도시'란 표현은 지극한 고향 사랑의 최상급의 찬미와 표현일 것입니다. 그의 광주 사랑은 처음과 끝이 똑같았습니다. 기적소리가 꿈을 싣고 떠나도, 기적소리가 슬픔을 끌고 가도 그는 산줄기에 올라 도시를 위한 노래를 부르리라 다짐합니다. 현승의 가슴 속 고향 광주는 푸

른 나무들이 자라듯 시인들이 쑥쑥 자라던 도시였습니다.

　가을이 훌쩍 지나고 있었습니다.
　양림동 집 뜰에 피어난 심정화 꽃망울은 가을 다 지나고 초겨울에도 시들지 않고 긴 여운을 전해주고 있었습니다. 뜰 앞 오동나무 등지에 까마귀가 날아와 조용히 앉아 있었습니다.
　'나의 나뭇가지에는 산 까마귀만이 날아와 호올로 앉아 있다고 철학자 키에르케고르는 마음의 풍경을 털어 놓았지.'
　다시 한 떼의 까마귀들이 양림동 뒷산 대숲으로 날아들고 있었습니다. 현승은 이 까맣고 거친 목소리의 새를 유난히 좋아하였습니다. 새의 긴 울음이 여운을 남기고 언덕 너머 사라질 때면 불현 듯 가슴이 울렁거렸습니다. 까마귀는 영혼의 슬픔과 괴로움을 안고 살아가는 새들이라 여겼습니다. 고독한 자신과 닮았다는 생각을 했습니다.

숭실대학으로 옮기다

    1960년 새해가 밝았습니다. 산언덕에서 바라보면 언제나 꽃처럼 피어있는 도시였습니다. 며칠 전 하얀 눈이 소복이 내렸습니다. 자신이 강단에서 십 년을 가르쳤던 백악 건물 주위도 온통 하얗습니다. 무등산도 하얀 은세계를 이루었습니다.
    현승은 양림동산에 올라가 시내를 내려다보았습니다. 다닥다닥 초가지붕과 사이사이 띄엄띄엄 기와집도 흰 눈을 얹은 채 조용히 엎드려 있습니다. 날마다 대학을 오고 간 길, 초등학교 앞길, 뽕뽕다리, 남광주역, 그리고 광주천이 수묵화처럼 펼쳐져 있습니다.

'저 그림 안에는 낯익은 주점, 책방, 푸른 가로수, 안방처럼 드나들던 커피 냄새의 찻집이 숨 쉬고 있지. 오늘 따라 정겨워 보이는구나.'

그 때 "끼익, 끼이익!" 기적소리가 고요한 공기를 깨뜨렸습니다. 광주역에서 출발한 경전선 열차가 쇳소리를 토하고 연기를 뿜으며 백운동 쪽으로 달려가고 있었습니다. 그리움을 끌고 가는 기적소리에 현승은 갑자기 어느 먼 곳으로 떠나고 싶은 충동을 느꼈습니다. 아니 떠날 것 같다는 예감이 들었습니다.

'이 아름다운 도시, 시인들이 자라던 고향. 내 늙으면 돌아와 기억의 안경으로 다시 바라볼 사랑하는 나의 도시…'

그는 옷에 얹힌 눈을 툭툭 털고 언덕을 내려왔습니다. 철제문을 열고 마당으로 들어서자 막내 딸 순배가 쪼르르 달려와 안겼습니다.

그의 예감이 맞아 떨어졌습니다. 4월부터 현승은 그의 모교인 서울 숭실대학으로 옮기게 되었습니다. 그는 수속을 마치고 이 대학 부교수로 취임했습니다. 나중에 가족들도 옮겨왔습니다. 은평구 수색에 집을 마련했습니다. 수색 시대가 시작된 것입니다. 평생을 피아노와 살던 아내는 수색 동네에서 피아노 교습소를 열었습니다. 수색에서 딱 한

집 있는 교습소였습니다. 피아노를 배우려는 학생들이 날로 늘어났습니다. 아내는 즐거운 비명을 질러야 했습니다.

　주말에는 현승의 동료 문인, 제자들이 번갈아 찾아왔습니다. 주말은 시인들의 떠들썩한 소리로 집안이 북적댔습니다. 그렇지만 현승의 기질은 변함없었습니다. 말수가 적고 조용한 평소의 기질 그대로였습니다. 사람들이 북적대는 색다른 분위기를 현승은 일부러 즐기고 있었습니다. 고독한 그에게 위로가 되었고 순수하고 젊은 숨결은 그에게 활력이 되었던 것입니다.

　어느 날 모처럼 아내의 피아노 교습이 끝나고 부부가 마주보고 앉았습니다.

　"여보, 피아노 소리가 방해 될 텐데. 미안해요."

　"개의치 말아요. 내 시는 세상이 잠든 밤에 태어나니."

　그는 빙긋이 웃음을 흘렸습니다. 아내가 커피를 끓여 내왔습니다. 한 모금 마신 뒤 현승이 입을 열었습니다.

　"그래도 당신의 피아노 교습이 힘이 되잖소. 오남매를 길러내고 말이오. 시인의 아내로 살아간다는 것이 결코 녹록치 않은 일일 텐데."

　"큰딸 옥배, 장남 선배가 고등학생 됐고요, 문배가 곧 중학생이 되지요. 생활비가 이제 배로 들 거예요. 제가 보탬이 되어야지요."

현승은 고맙단 말 대신 고개를 끄덕였습니다.

이 해에 셋째 아들 청배가 입학 했습니다. 현승은 더욱 뜨거운 창작혼을 불태웠습니다. 여러 지면에 속속 시를 발표했습니다.

"새로 오신 김현승 교수 강의 멋지잖냐?"
"쏙쏙 들어오는 느낌? 명쾌한 강의야!"

현승의 강의는 호평을 받았습니다. 경험에서 나오는 창작 기법 강의라서 학생들로서는 피부에 와 닿는 강의였습니다. 현승은 이곳에서도 만능 운동선수 기량을 뽐냈습니다. 숭실대학이 가을 축제를 맞아 교수팀과 교직원팀 간에 축구시합이 열렸습니다. 그 날 운동장에서 날렵한 몸짓, 빠른 속도, 한두 명 제치는 현승의 기술은 여전했습니다.

마침 후반전에 교수팀이 페널티킥을 얻었습니다.

"김 교수님이 차세요. 한 방 뻥 먹이세요."

모두들 숨을 죽이고 현승의 발을 주시했습니다. 그는 강하게 공을 차려는 자세를 하고 달려들었습니다. 골키퍼는 잔뜩 긴장을 하고 있는 모습이 역력했습니다.

"뻥!"

달려들던 그는 골키퍼가 오른쪽으로 쓰러지는 것을 보

고 재빨리 가볍게 왼쪽으로 밀어 찼습니다.

"골인! 골인!"

박수갈채가 터져 나왔습니다. 그는 씨익 웃고는 입을 열었습니다.

"페널티킥이란 것은 세게 차는 것만이 좋은 것이 아니야. 골키퍼의 심리를 이용할 줄 알아야 해. 센스가 필요하단 말야."

약골 같은 모습과 달리 그는 다부지고 자신감에 넘쳐있었습니다.

그러나 교수실에 들어오면 늘 홀로였습니다. 동료교수와도 별로 말이 없었습니다. 늘 자기만의 생각에 잠겨 있었습니다. 시를 궁리하고 있었고 시상을 떠올리고 있었습니다. 서울에서도 그는 걸을 때 주위를 살피거나 위를 쳐다보지 않았습니다. 묵묵히 땅을 내려다보면서 걸었습니다. 대학 교수들 중 그와 한 번도 인사를 나눠보지 못한 교수들이 많을 정도였습니다. 그러나 제자사랑은 늘 변함이 없었습니다, 강의 시간을 벗어나면 다정한 친구가 되곤 했습니다. 그의 주위에 광주에서처럼 시인과 제자들이 따랐습니다.

시의 씨앗을 품어라

현승은 숭실대학에서도 제자들과 커피집을 자주 드나들었습니다. 그런데 하나 추가된 것은 냉면집입니다. 평양 유학 시절 입맛에 맞았던 냉면을 다시 찾게 된 것입니다. 누구를 만날 때, 그는 아무 다방이나 냉면집을 찾아가지 않았습니다. 꼭 커피 맛이나 냉면 맛이 좋다고 소문난 곳을 들렀습니다. 그리고 금방 단골손님이 되었습니다.

권영진 제자는 시 쓰기에 소질이 있었습니다. 현승이 아끼는 제자였습니다. 제자의 시를 현대문학지에 싣도록 주선했고 나중에 숭실대 교양국어 강사로 추천해 준 제자입니다. 권영진과 몇몇 숭실대 제자가 수색 집에 들렀습니다. 한 여학생이 말했습니다.

"교수님, 제가 커피 탈까요?"

"이봐. 커피는 아무나 타는 줄 알아? 커피 타는 방법 내가 가르쳐 줄게."

현승은 물을 끓이는 법부터 차례차례 시범을 보였습니다.

"커피의 빛깔이 진한 황토색이 나야 제대로 맛이 나오게 돼."

그는 김이 모락모락 나는 커피를 숫자에 맞게 따랐습니다.

"또 한 가지. 커피는 한 번에 들이키는 게 아냐. 한 모금씩 식을 때까지 천천히 음미하며 마시는 거지."

자신이 시범을 보일 생각으로 찻잔을 들어 냄새를 살짝 맡고 나서 한 모금씩 나누어 마셨습니다. 권영진도 천천히 한 모금 마신 뒤 커피 잔을 내려놓고 물었습니다.

"교수님은 왜 버스만 타고 다니십니까?"

"버스를 타면 다양한 사람들을 만날 수 있지. 또 차창으로 스치는 풍경 속에 시가 들어 있어. 보는 순간 시상이 떠올라. 버스는 내 보물 창고야."

어느 날 현승은 제자들과 영화관을 찾았습니다. 그는 의외로 서부극을 좋아했습니다.

영화는 〈황야의 7인〉이었습니다. 인기가 좋아 관객이 꽉 차 있었습니다. 줄거리는 뻔했습니다. 먼저 약탈자들이 나오고, 한 낯선 인물이 동료들을 데리고 나타나 용기 있게 마을을 위해 싸우고 나중에는 약탈자들을 벌하고 말없이 떠난다는 내용이었습니다.

"이봐. 주인공 대머리 친구보다 무명인 조연 배우가 더 맘에 들어."

"왜죠?"

"자기 위치에서 믿음과 명예를 중시한 태도가 참 좋아. 그 용기, 사나이다움…"

현승은 영화 속 인물인 양 손짓까지 하며 말했습니다. 제자들은 스승이 왜 서부극을 좋아하는지 알 것 같았습니다.

"교수님, 서부극 자주 보시나요? 최근 황야의 무법자 시리즈가 큰 인기거든요."

"자주 보네. 악당들이 판을 치고 악인이 이기는 것 같지만 끝내는 의인이 이기고 정의가 승리하는 이런 통쾌한 세계가 여기 말고 또 어디 있는가? 그러니 서부영화가 시의 씨앗이지."

현승은 정의롭지 못한 나라의 현실을 영화에 빗대어 말하고 있었습니다. 62년만 하더라도 '두형이 유괴사건' '일본기업으로부터 불법 돈 받은 정부' '정치정화법을 만들어 군사정권만 유리하게 민간인 발목 묶어놓은 여당' 같은 부당한 사건들이 뉴스를 장식하고 있었습니다. 현승은 자유당 독재, 5·16 쿠데타와 군사정권 독재를 겪으며 자유가 짓밟히고 인권이 무시당하며 정의가 꺾이는 현실을 목격할 때면 늘 안타까워했습니다.

'신은 왜 침묵하실까?'

교수에 승진한 현승은 시 강의 시간에 세상은 시가 아닌 것이 없다고 가르쳤습니다. 짧은 한 구절 쪼가리 시라도 소중히 간직하고 시상을 더하여 늘여 가면 시의 모습을 갖추게 된다고 말했습니다.

"감동, 그것이 시의 에너지야. 어린애들이 쉽게 놀라고, 기뻐하고, 그러다가 금방 시무룩해지고 눈물 흘리고 하는 아이들 마음 같은 것. 그런 정직한 감성이 없다면 메마른 땅에 싹을 틔우려 하는 무모함과 같은 짓이지. 마음 밭에 감성이 머물도록 거름 주고 물 뿌리고 바람도 불어오도록 마음의 문을 활짝 열어 두어야 해."

"매번 저희 습작품을 꼼꼼이 보아주셔서 감사를 드립니다. 감성의 샘물을 채워가도록 노력할게요."

"아암, 감성으로 쑤우쑥 자라난 시의 화초를 알맞게 햇볕을 쪼여 지성의 열매를 맺어가게나. 감성의 피도 돌고

지성의 피도 돌게 한 작품이라야 오래 남는다네."

1963년 6월, 현승은 두 번째 시집 『옹호자의 노래』(선명문화사)를 출간하였습니다.

기독교 신앙이 바탕에 깔린 고요한 그늘의 편히 쉼을 노래한 시, 태양의 밝고 강한 활기차고 충실한 삶을 노래한 시들입니다. 영원한 구원의식에서 싹이 튼 시의 씨앗을 품어 깊은 사색 끝에 얻어진 생각의 열매들을 하나하나 매달아 놓은 시집이었습니다.

신에게서 멀어지다

'구약의 역사는 피비린내 나는 전쟁으로 얼룩진 역사다. 내 편이 아니면 가차 없이 처벌의 칼을 들었다. 백인들이 인디언을 학살하듯이. 신약의 예수는 원수를 사랑하라 말씀하신다. 오른뺨을 때리면 왼뺨도 내놓으라 한다. 어떻게 성경이 이렇게 다를 수 있을까? 내가 불교, 유교를 믿지 않는 까닭은 그들의 교주가 인간이기 때문이다. 혹 예수도 이와 같다면?'

60년대 들어 현승은 종교에 대한 의문이 더욱 깊어갔습니다. 마음 안에 풍파가 일었습니다. 또아리를 튼 이 의문을 감출 수가 없었습니다.

'내가 신을 떠난다면 최후에 남는 것은 나 자신 뿐이다. 나의 양심과 이성과 정의감 뿐이다. 혼자서 세상과 싸워 나가야 한다.'

 떠날 것인가
 남을 것인가

 나아가 화목할 것인가
 쫓김을 당할 것인가

 어떻게 할 것인가,
 나는 네게로 흐르는가
 너를 거슬러 내게로 오르는가

 그는 이 무렵 〈제목〉이란 시에서 그의 속마음을 감추지 않았습니다. 다형 김현승의 시는 새로운 세계를 맞게 되었습니다. 굵직한 변화가 일어나고 있었습니다. 믿음에 대한 변화였습니다. 그는 신으로부터 멀어지는 길을 택한 것입니다. 신으로부터 떠남, 그 길은 외롭고 두려움의 길이었습니다. 그는 고독을 품기 시작했습니다.
 '나의 양심과 나의 정직으로 거친 세상을 홀로 헤쳐 나가야 한다.'
 현승이 마음 안에 받아들인 고독은 신을 잃은 고독이었

습니다. 지금껏 의지해 왔던 거대한 믿음의 기둥이 무너지고 텅 빈 허공과 맞닥뜨리는 느낌을 갖게 했습니다. 그것은 일찍이 가보지 못한 엄청난 모험이기도 했습니다.

'이제 신은 나의 양심의 언저리에 남아 있을 뿐이야. 아무도 믿지 않기에 나 자신을 더욱 굳세게 다져나가야 해.'

그 무렵 현승은 〈견고한 고독〉을 발표하였습니다. '어느 햇볕에 기대지 않고, 어느 그늘에도 빚지지 않는 단 하나의 손발'인 자신을 믿고 나아가기로 한 다짐을 담은 시입니다.

'나는 일생동안 교회를 상대로 살아왔다. 그러나 내가 얻은 결론은 교인들 생활과 마음가짐이 일반 사람들 그것과 다름이 없다는 사실이다. 먹고 살기에 쫓기는 것이나 이기주의도 하나도 다르지 않다. 툭하면 패거리를 잘 짓는 것도 똑같다. 신과 인간의 관계에 대해 의문을 품지 않을 수 없게 한다.'

현승은 신을 바라보는 생활에서 자신과 사람들을 바라보는 생활로 기울어지고 있었습니다. 그는 새로운 고독의 길 위에서 시를 써나갔습니다. 종교를 삐딱한 눈으로 본 그의 본마음은 종교를 완전히 지워내려는 뜻이 아니었습니다. 새롭게 자신의 신앙을 바로 세우고자 한 변화의 몸짓이었습니다. 완전한 신앙을 갖고 싶은 하나의 방법으로 신앙의 궤도를 벗어나려 했는지도 모릅니다.

고독의 시인

　메마른 체구, 대추씨 같은 야윈 얼굴, 그리고 얇은 입술, 한쪽 얼굴까지 치켜 올라가면서 짓는 미소 등 인상적인 모습으로 현승은 60년대 중반에도 줄기찬 명 강의를 펼쳤습니다. 하지만 강의가 끝나면 연구실에 돌아와 말없이 눈을 감고 명상에 잠겼습니다. 늘 그렇게 혼자였습니다. 고독이 그의 몸 깊숙이 들어와 있었습니다.
　수색 집에서 한 밤중 모두가 잠이 들었을 때도 그는 혼자 깨어 있었습니다. 자신이 선택한 고독을 어떻게 시로 풀어 쓸까 시상을 궁리하고 있었습니다. 그는 식구들이 깰까 봐 불을 켜지 않은 채 가만가만 방안을 서성거리고 있었습니다. 그 때 이상한 움직임이 느껴졌습니다. 온 몸의 신경이 곤두섰습니다.

"부스럭, 부스럭"

현승은 눈앞의 검은 움직임을 주시하였습니다. 검은 물체는 창문 쪽으로 빠르게 이동했습니다.

"누구야!"

현승이 소리 쳤습니다. 검은 물체가 깜짝 놀라 창문을 뛰어 넘었습니다. "쿵!"하고 마당에서 굴렀습니다. 현승은 뒤따라 달려 나갔습니다. 검은 물체는 뒤도 안 돌아보고 줄행랑을 쳤습니다. 도둑이었습니다. 현승은 철제문을 열고 골목을 살폈습니다. 도둑은 금세 어디론가 사라지고 안 보였습니다.

"여보, 무슨 일이에요?"

놀란 아내가 방과 거실에 환히 형광등을 켜고 손전등을 비추며 나타났습니다.

"헛, 이런. 도둑이 들어왔어요. 날 보고는 혼비백산하여 도망갔어요."

현승은 쓴 웃음을 지었습니다. 아내는 놀란 입을 다물지 못했습니다.

현승은 시간이 흐를수록 기도하는 신앙의 삶이 흔들리

고 있었습니다.

'기도의 응답도 들려오지 않고. 신은 과연 초월적인 전능하신 분인가? 인간들의 두뇌로 만들어진 상상의 인물은 아닐까?'

'하나님이 유일신이라면 어떻게 다른 신들이 같이 존재할 수 있을까. 석가도, 공자도, 마호메트도… 다른 신을 믿는 신도들에게 당신들도 하나님의 창조물이라고 말하면 이들이 어떻게 받아들일까?'

그의 의심은 날로 깊어갔습니다. 그는 인간을 창조주로 믿는 종교는 결코 종교가 아니라고 판단했습니다. 신인가, 인간인가? 둘 사이에서 그는 갈등하고 있었습니다.

'기독교의 하나님만이 인간이 아닌 초월적 신이긴 한데… 교인들은 착한 척 거짓 행동도 하고, 세상 사람처럼 권력을 쥐려하고, 질투와 싸움도 곧잘 벌이지.'

현승은 고개를 흔들었습니다. 이건 아니라는 듯.

'그래. 결심했어. 일단 신을 떠나야 해. 나의 고독은 신으로부터 한없이 멀어지려는 것은 아니다. 기독교 신앙에 뿌리내린 그런 고독이야.'

그는 맑고 깨끗함을 잃지 않기 위해 참되고 굳세게 나아가자고 주문했습니다. 신을 바라보기보다는 인간의 삶을 더 가까이 바라보며 외로운 싸움을 벌여가겠노라 다짐했습니다. 그의 마음 속 하나님 있던 자리에 고독의 신이 자리를 잡았습니다. 나를 사랑하지 못하는 신, 응답이 없는 신이란 생각이 검은 구름덩이처럼 머릿속을 덮쳐왔습니다. 이제 경건한 신을 떠나 매일 만나며 스치고 지나가는 평범한 사람들과의 길 위에서 고독이란 새 신을 맞이하겠노라 다짐하고 있었습니다.

그런 현승의 마음이 드러난 시가 1968년에 쓴 〈절대고독〉입니다.

나는 이제야 내가 생각하던
영원의 먼 끝을 만지게 되었다

그 끝에서 나는 눈을 비비고
비로소 나의 오랜 잠을 깬다

내가 만지는 손끝에서
영원의 별들은 흩어져 빛을 잃지만,
내가 만지는 손끝에서
나는 내게로 오히려 더 가까이 다가오는
따뜻한 체온을 새로이 느낀다
이 체온으로 나는 내게서 끝나는
나의 영원을 외로이 내 가슴에 품어 준다.

현승의 몸속에는 이제 고독의 신만이 자리 잡고 있었습니다. 이제 믿을 수 있는 것은 자신의 힘과 노력과 땀뿐이었습니다. 신의 말씀보다 인간의 따뜻함을 그리워하기로 한 이상 정의와 양심의 소리에 따라 행동하기로 다시금 다짐했습니다.

'고독을 진정으로 아는 사람은 자신으로 돌아올 수밖에 없는 거다. 고독을 진정으로 깨닫는 사람은 고독 속에 빠지는 것이 아니라 그 고독 속에서 자신을 건져 낼 수 있는 것이다.'

그는 고독과 싸워 패배하지 않으리라 마음먹었습니다. 고독을 이겨내 승리자가 되리라고 자신과 약속했습니다. 홀로 커피를 끓이는 그의 고독한 밤도 깊어만 갔습니다.

수색 시대, 수색사단

60년대 수색은 서울의 변두리였습니다. 비포장도로에 드문드문 자동차가 지나다니며 흙먼지를 하얗게 날렸습니다. 그렇지만 자나 깨나 수색 집을 가득 채운 것은 늘 커피 향기입니다. 대문을 열고 마당에 들어서면 짙은 커피 향이 맨 먼저 맞아 주었습니다. 원형 함석통 속의 원두커피는 현승만의 특별 보물이었습니다. 반가운 손님들에게 현승은 아낌없이 맛있는 원두커피를 내려 커피 잔에 따랐습니다. 수색 집을 한 번이라도 다녀온 사람들은 현승과 커피 향 두 가지를 함께 기억하곤 했습니다. 서재 자그만 나무장 안에는 현승만의 비밀스런 음료가 들어 있었습니다. 부드러운 '버터파이', 우윳빛 '칼피스' 위장이 약한 현승을 위해 특별히 아내가 만든 음료입니다.

"순배야. 좀 와 봐라."

현승이 가만히 막내딸을 불렀습니다.

"왜 아빠?"

"오늘 피아노 열심히 쳤지?"

"응. '하논' 변주 연습곡. 손가락이 아플 만큼."

순배가 일부러 미간을 약간 찌푸리며 아픈 시늉을 했습니다.

"그래. 막내 피아니스트 꿈이 무르 익어가는구나."

현승은 한 쪽에 있는 개인용 나무장 문을 열었습니다. '버터파이'를 유리그릇에서 숟가락으로 떠 작은 그릇에 담아 내밀었습니다.

"먹어 봐라. 맛이 좋을 게다."

"아빠. 이런 맛 처음예요. 아빠 최고!"

맛을 본 순배 입이 쫘악 벌어졌습니다. 50대 후반을 맞은 현승은 막내딸을 남몰래 더 예뻐하였습니다. 다른 부모들이 그랬던 것처럼.

겉보기엔 딱딱하고 깐깐한 모습으로 비쳤을지 모르나 다형 역시 크림빵 같은 달콤함과 다정함을 비밀스레 간직한 여느 아버지와 다름이 없었던 것입니다.

현승은 봄기운이 서서히 스며들던 어느 날 공덕동 미당 서정주 댁에 들렀습니다. 두 사람은 광주에서부터 이어진 친분이 서울에서도 이어지고 있었습니다. 둘은 50년대 초 광주에서 대학 강의를 하던 시절 추억담을 나누고 있었습니다.

"선생님, 계십니까?"

노크를 하고 한 젊은 시인이 들어왔습니다. 문단에 갓 나온 시인 이근배였습니다.

"제자. 잘 살았지? 참 인사 드려라. 김현승 시인이시다."

미당은 느릿한 말투와 눈웃음으로 인사를 시켰습니다.

"아, 이렇게 고명하신 시인님을 뵈어 영광입니다."

"이근배 시인이라고? 좋은 시인으로 성공하시게."

현승은 가벼운 미소를 지으며 답했습니다.

"참, 다형 시인님 댁이 수색이란 말을 몇몇 문인들로부터 들었습니다. 저도 시도 배울 겸 가끔 들러도 되려는지요?"

"물론이지. 많이들 찾아오네."

수색의 그의 집은 깔끔하고 아담한 반 양옥집이었습니다. 수색 집에는 현대문학 심사로 사제지간이 된 시인들이 수시로 들렀습니다. 광주에서 서울로 옮긴 박봉우, 윤삼하, 이성부, 조태일 등이 약방에 감초처럼 드나들었습니다. 이따금 고향 광주에서 손광은, 박홍원, 주기운, 진헌성, 장정식, 김수봉, 최동일 등이 반가운 발걸음을 하기도 했습니다. 수색에는 해남 출신 이동주도 살고 있었습니다. 주말이면 이동주, 김종해, 이 탄, 권오운, 박건한, 이시영, 감태준 등도 합세해 현승이 따라준 커피를 나누어 마시며 문학 이야기, 세상 이야기로 꽃을 피웠습니다.

이제 이근배도 일요일만 되면 수색에 들르는 단골손님이 되었습니다.

"자네들, 커피 맛을 제대로 알기나 하나?"

"사단장님 덕분에 얼마큼은 알게 되었지요."

별 하나짜리 참모장 박봉우가 머뭇거림 없이 말했습니다.

"내가 서울에 와서 다녀보니까 다동에 말이지 맘모스다방이 있어. 광화문에는 귀거래다방이 있고. 이 두 다방 커피가 제일이더라고. 커피향이 농익어서 유별나게 따스함이 스멀스멀 몸속으로 들어오는 기분이 들 정도야."

"그래도 저희는 사단장님 커피 맛이 세계 최고라고 인정합니다. 하하하."

이성부 선임하사 말에 모두가 웃음을 쏟아냈습니다.
"나는 말야. 커피 맛을 입으로 보지 않고 빛깔만 보고서도 짐작할 수가 있네."
"그만큼 커피를 수도 없이 끓이신 결과이겠지요."
걸쭉한 목소리로 조태일이 웃으며 말했습니다.
"그래, 설탕 얼마, 크림 얼마 이런 거 손님에게 묻지 않고 내 마음대로 정해 끓이는 것은 내 감각이 타의 추종을 불허하는 절대 표준이라 믿기 때문이지."
"사단장님, 사단장님만의 특별한 커피 끓이기 기술을 알고 싶습니다."
그 날 광주에서 모처럼 올라와 자리를 함께 한 손광은 제자가 현승과 눈을 마주치며 말했습니다.
"커피를 가장 향기 짙게, 맛있게 마시려면 주전자에 커피를 넣고 펄펄 끓여서는 절대 안 되지. 다방에서나 쓰는 방법이야. 우선 찬 물로 커피를 씻어내 가지고 씻은 물을 살짝 끓여 먹는 방법이 있고, 미리 물만 끓여가지고 그 더운 물에 커피를 씻어내어 씻은 물을 마시는 방법이 있지. 내 경험에 의하면 끓인 물로 커피를 씻어내어 마시는 편이 더 맛이 있고 향기도 짙다는 말씀이야."
"저희는 씻어내려면 귀찮으니까 커피포트에 물을 끓여

그냥 커피를 타 마시면 끝입니다. 하하하."

조선대 제자 장정식이 말을 끝내고 이를 드러내며 웃음을 날렸습니다.

"커피포트 그거 커피를 우려내는데 편리하지. 그런데 문제는 커피의 향기를 많이 잃게 돼. 진짜 좋은 커피를 마시려면 이렇게 하게. 커피를 수북이 두 숟갈 쯤 떠 커피 잔에다 넣고 미리 끓인 물을 부으면 커피향을 그대로 간직한 채 수 분이면 우러나지. 우러난 물을 망에다 걸러서 마시면 맛과 향기가 그 이상 좋을 수가 없다네."

"사단장님, 중요한 것은 그러니까 커피는 향기가 사라지지 않도록 살살 달래가며 끓인 물로 감쪽같이 우려서 마시라는 말씀이군요?"

이성부 말에 현승은 빙긋이 웃으며 고개를 끄덕거렸습니다.

"몇 년 전에 심장이 약해져서 반 년 쯤 커피를 끊은 적이 있었네. 술도 담배도 못하는 터에 유일한 낙인 커피마저 못 마시게 되니 어떠했겠는가? 세상이 맹물처럼 싱거운 거야. 허허. 사십 대까지 커피를 사발로 마시던 사람이. 요즘은 하루 한 두잔 정도로 조심해서 마시고 있지만."

모두 사단장이 따라준 김이 모락모락 나는 커피를 마시기 시작했습니다.

"참 성부. 요즘 어디서 축구대회 안 하던가?"

"제가 며칠 전 동대문 운동장 쪽을 걷고 있었는데 거기 현수막에 동남아축구대회 안내를 했더라고요. 5월 쯤 열린다고 했던가…"

"그럼 입장권 좀 끊어오게. 모처럼 축구 관람 좀 하게."

"사단장님, 알았습니다."

두 사람 말이 끝나기 바쁘게 이근배 병장이 끼어들었습니다.

"사단장님, 저도 끼워주세요."

"그리 하세나."

이렇게 현승 집에 모여 들어 커피 향과 함께 끈끈한 정을 나누었던 문인들을 세상 사람들은 수색사단이라 불렀습니다.

어느 날, 연세대 대학원 시 강의를 마치고 돌아와 막 커피를 마시고 있을 때 박봉우가 수색으로 찾아왔습니다.

"사단장님, 주례를 부탁드립니다. 장소는 탑골 공원입니다."

"탑골 공원?"

"예. 남들 다 하는 예식장은 피하고 싶습니다. 탑골 공원 아니면 결혼 않습니다."

현승은 박봉우의 결혼식 날 탑골 공원에서 주례를 보았습니다.

"허허. 탑골 공원 예식이라니. 참으로 파격적이군."

현승은 3·1 운동이 처음 일어났던 탑골 공원의 의미와 박봉우 시인의 남다른 역사정신을 들추어 주례사를 했습니다. 늘 깨어 있는 삶으로 살아가길 당부했습니다.

현승은 바르고 강직한 시인으로 알려졌습니다. 불의를 보면 그냥 넘어가지 않았습니다. 옳다고 생각하면 결코 뜻을 굽히지 않았습니다. 그는 늘 청교도적 삶을 실천하는 신앙인이었습니다.

60년대 중반 어느 날, 현대문학사에서 편집 회의에 참여하라는 전화연락이 왔습니다. 그는 외출복을 차려 입고 버스에 올랐습니다. 편집실에는 주간을 맡고 있는 조연현 평론가를 비롯, 몇 분이 나와 있었습니다. 회의 중 편집 방향 문제로 현승과 조연현 주간이 목소리를 높였습니다.

"김 교수님, 내가 주간이요. 편집에 관한 한 권리도 책임도 내게 있다 말씀입니다."

"뭐요? 현대문학이 조 주간 사유물인 양 말씀하는데 지나치오."

점점 두 사람의 의견 충돌이 커지고 있었습니다. 서로 얼굴을 붉히며 양보를 하지 않을 태세였습니다. 당시 조연현 주간은 평론가로서 문단에서 막강한 힘을 가지고 있었습니다. 현승은 현대문학지의 신인 추천위원과 문인협회 시분과위원장을 맡고 있었습니다.

"추천위원, 이 자리에 연연할 사람이 아니오. 당장 집어치우겠소."

"그런 식으로 나오실 게 아니라 주간 역할이 뭔지 생각 좀 해보시라고요."

"조 주간, 그 독선적인 거드름 좀 고치세요."

현승은 편집실을 박차고 나와 버렸습니다.

이 사건은 두고두고 문단 사람들 입에 오르내렸습니다. 현승의 강직함과 바위같은 힘 앞에 꺾이지 않는 고집스런 성미를 말해주는 장면이었습니다.

며칠 후 박두진 시인이 소식도 없이 불쑥 수색에 들렀습니다. 박두진은 현승보다 세 살 아래였습니다.

"혜산, 어떻게 찾아 오셨어요? 어서 들어오세요."

"다형이 그리워서 걸음 했습니다. 허허허."

두 사람은 커피가 끓는 작은 서재에서 마주 보고 앉았습니다. 문단 여러 가지 소식들이 오고 갔습니다. 물론 얼마 전 현대문학 편집실 사건 이야기도 그 중의 하나였습니다.

"안녕하세요?"

초등학교 갓 들어간 순배가 학교에서 돌아와 꾸벅 인사를 했습니다.

"예쁜 딸이군요. 많이 귀여워하시겠어요."

"안 그래도 막내 딸 때문에 호사 좀 부리고 있어요."

두 사람은 커피를 마시고 다시 문단 이야기를 나누었습니다. 두 사람 모두 평소 조용한 성격대로 나지막한 말투였습니다. 마치 두 마리 학이 마주 앉은 분위기였습니다.

"다형, 요즘 문단이 눈살을 찌푸리게 해요. 자꾸 오염이 되어가는 느낌이 듭니다. 제1회 시인상 수상을 거부한 다형의 용기는 그런 점에서 문단에 신선한 파문을 주었지요."

"말 많고 탈 많은 속된 정치인들이 아니잖소. 순수해야 할 문단이 도저히 이해할 수 없는 술수가 행해지고, 문단 권력을 이용해 패거리를 만들고, 선거판이라고 하지만 사람을 속이는 일까지 생겨나고 있어요."

서로의 생각이 같다는 듯 두 사람은 고개를 끄덕였습니다. 두 사람 다 볼에 살이 빠져 야윈 듯 보이는 얼굴도 닮아 있었습니다.

"문단마저 탁해진다는 건 부끄러운 일이죠. 보세요. 문협 선거가 온갖 속임수와 술수로 얼룩지고 있잖아요. 내 편 네 편 편 가르기로 싸움판이 되었고요."

박두진이 이마를 찌푸리며 걱정스럽게 말했습니다.

"묵과할 수 없어요. 어느 학교 출신끼리 뭉쳐보자는 둥, 어느 지역 출신이니 똘똘 뭉쳐보자는 둥, 이러니 순수한 문단이 갈가리 찢기고 상처투성이잖아요. 저도 시분과 위원장으로 피선이 됐습니다만 시분과 만이라도 맑은 물이 흐르게 이끌어보려고 합니다."

현승도 그동안 품어 왔던 속마음을 속 시원히 다 털어놓았습니다. 두 사람은 약속이나 하듯 두 손을 잡았습니다. 맑고 곧은 양심과 정의감으로 한 평생을 시와 함께 살아온 두 시인의 마음이 똑같음을 확인하는 장면이었습니다. 올곧은 문단을 갈망하는 동지로서 애틋한 다짐이기도 했습니다.

현승은 젊은 시인이나 제자들에게 바다 같은 품을 열어 어머니처럼 따뜻한 정을 베풀었습니다. 그는 젊은 문인들에게서 때가 덜 탄, 풋풋함과 순수함을 느끼곤 했습니다. 기성 문인들과는 거리감을 두고 지냈습니다. 기성 문인들이 문단을 흐리게 하는 장본인들이라는 생각을 갖고 있었습니다. 그러기에 그는 더 고독을 맛보아야 했습니다.

어두운 시대

1970년 막내 딸 순배가 중학생이 되었습니다. 예전에 아버지와 한 약속 '시인이 되거라'에 대답했던 대로 진로를 정하지 못해 딸이 미안해 했습니다. 딸은 피아노 전공을 마음에 두고 있었습니다.

"괜찮아. 시와 음악은 뿌리가 같은 것이야. 예술적 표현만 다를 뿐."

현승은 딸의 음악의 길을 기꺼이 응원해 주었습니다.

"시내 나가자."

현승은 막내를 데리고 버스에 올랐습니다. 광화문 근처 서점에 들렀습니다.

"네가 볼 책을 고르렴."

순배가 중학생이 읽을 책을 살 동안 현승은 시집 코너에서 시집을 살펴보고 있었습니다.

서점을 나와 부녀는 근처 중국집으로 향했습니다. '광화반점' 간판이 선명하게 눈에 들어왔습니다. 순배가 초등학교 때도 부녀가 시내에 나오면 서점, 중국집 순서로 코스가 정해져 있었습니다. 둘은 중국집에서 늘 하던 대로 짜장면을 시켜 먹었습니다. 음식을 먹는 동안 딸의 학교 이야기, 친구 이야기를 들을 수 있었습니다. 딸을 데리고 시내 나들이 나오는 것도 이제 힘들겠다는 생각을 하였습니다. 막내딸이 성큼 중학생으로 자랐고, 현승 자신도 50대 후반이 되어 숭실대 강의뿐만 아니라 연세대, 덕성여대, 서라벌 예술대학 등 타 대학까지 강의를 맡아 바빠졌던 것입니다.

광화문을 빠져 나와 승강장으로 가는데 거리가 소란했습니다. 한 떼의 시위대가 광화문을 향하여 행진해오고 있었습니다. 반대쪽에서 경찰들이 최루탄을 쏠 준비를 하고 있었습니다.

'애국 시민이여, 자유민주주의 수호 대열에 빠짐없이 참여합시다'

'3선 개헌 무효! 독재 정권 무너뜨리자'

시위대는 몰려온 시민들과 합해져 더욱 불어나고 있었습니다. 시위대는 구호가 쓰여진 현수막을 들고 끝까지 침묵시위를 벌였습니다.

"아빠. 오늘은 최루탄을 쏘지 않을 모양이네요."

"그렇구나. 침묵시위를 조용히 벌이는데 그 독한 무기를 왜 쏘겠냐."

현승은 딸 손목을 이끌어 버스에 올라탔습니다.

현승은 달리는 차창 밖 풍경을 보다가 문득 나라 안 정세에 생각이 머물렀습니다. 지난 해 장기집권을 노린 군사 독재 정권이 세 번까지 대통령에 나올 수 있는 법안을 야당의 반대에도 통과시켰습니다. 대통령 선거를 앞두고 뜻있는 법조인, 교수, 문인, 종교인, 학생들이 거리에 나와 시위를 벌이고 있는 것은 그런 까닭이었습니다. 얼마 전에는 전태일이 평화시장터에서 온 몸에 불을 붙이고 '근로기준권'을 외치다가 죽음을 택했습니다. 그늘진 곳에서 힘들게 일 하는 소외된 노동자, 도시의 가난한 사람들이 곳곳에서 독재정권과 싸우고 있었습니다. 툭하면 최루탄이 터졌습니다. 거리를 지나는 사람들 눈물, 콧물을 흘리게 했습니다.

'민주주의가 자꾸 후퇴하고 있어. 4월 혁명이 이룩한 민주주의의 씨앗을 힘을 가진 정권이 마구 짓밟고 있지. 학생들은 교련교육의 쇠사슬에 꼼짝없이 묶여 있고, 국민은 좌절과 분노를 키워 가고…. 이 나라가 어디로 가고 있는 건가?'

현승은 도대체 무엇이 정의란 말인가 하는 질문을 수도 없이 던지고 있었습니다. 신은 왜 응답해주시지 않을까? 그는 다시금 자신의 믿음에 의문을 던졌습니다.

나라가 정의롭지 못한 사람들에 의해 위태롭게 흘러가는데도 신은 끝내 이 나라를 외면한다는 생각이 들었습니다.

70년대 벽두부터 나라는 어두운 소식으로 가득했고, 현승은 마음이 무거웠습니다. 아픈 만큼 짙은 고독을 맛보았습니다.

이 해에 현승은 시집 『절대고독』을 발간하였습니다.

높은 이상과 희망

    1972년 5월, 현승은 모처럼 고향 광주를 들렀습니다. 그리운 제자들, 몇몇 시인들과 차를 마시며 정담을 나누었습니다. 그리고 문학 제자인 진헌성이 개업한 〈진헌성 내과〉에 들러 일주일 입원했습니다.
    "선생님, 건강이 좀 안 좋아 보이네요. 불편하신 데가…"
    "식사를 하면 속이 거북스럽고 뭐가 걸린 듯한 기분이 들어."
    "진찰 좀 해 보실까요?"
    진헌성 원장이 청진기를 들고 가슴 여기저기를 점검하였습니다. 엑스레이도 찍었습니다.
    "선생님, 위가 좋지 않습니다. 정확한 병명은 위하수입니다. 속이 따갑고 쓰리기도 하고 트림이 자주 나오는 증상입니다."

"그런가? 옛날 평양에 유학 갔을 때도 위장병 때문에 휴학까지 한 적이 있다네."

"선생님, 식사는 조금씩 여러 차례 나누어 규칙적으로 드시고요. 건위제 복용을 쭈욱 하십시오. 참 가벼운 고혈압도 있으십니다."

현승은 나이도 있고 하니 건강에 신경을 쓰리라고 속으로 마음먹었습니다. 그는 화제를 슬그머니 돌렸습니다.

"진 원장. 자네 시가 현대문학에 추천이 늦어져서 미안하네. 현대문학을 떠나기로 한 터여서 자네가 마지막 추천 시인이 되었네."

"아, 선생님, 감사합니다. 그 어렵다는 현대문학을 통과하게 되었군요. 열심을 다해 창작하겠습니다."

이날따라 현승의 창백한 얼굴, 청교도 정신이 배인 눈매가 가을호수처럼 깊어 보였습니다. 제자가 느끼기에 고독의 길 위에서 홀로 세상과 맞서 싸워온 스승의 생애가 고스란히 얼굴 주름살에 새겨져 보였습니다. 깊어진 주름살이야말로 힘들게 걸어온 십자가요, 밤을 새워 빚어낸 시들이 아닐까 생각하였습니다.

그리고 이 방문이 마지막 고향 방문이 되리란 것을 현승 자신도 제자도 다른 그 누구도 전혀 몰랐습니다.

어느 날 수색 집으로 군사 우편이 날아왔습니다.

"어디보자. 음 정호승 청년이 보냈군."

현승은 반갑게 봉투를 뜯어 편지지를 꺼냈습니다.

정호승은 일 년 전 편지를 통해 알았습니다. 일 년 전 군사우편 하나가 대학으로 날아왔습니다. 봉투에 적힌 이름이 낯설었습니다.

"정호승이라… 누구지?"

현승은 천천히 편지를 꺼내 읽었습니다. 편지의 주인공은 군대 복무하면서 시를 습작하던 정호승 청년이었습니다. 그는 습작한 시를 타자기로 쳐서 보내왔습니다. 무례하지만 지도해달라는 내용과 함께. 현승은 편지에서 청년의 순수한 젊음과 뜨거운 시의 열정을 느꼈습니다. 현승은 친절히 시를 읽고 소감을 써 보냈습니다. 그리고 열심히 시를 쓰고 휴가 때 대학 연구실에 한번 들르라고 썼습니다. 그리고 정호승은 첫 휴가 때 현승을 찾아왔습니다. 존경하는 대시인에게서 문학청년은 시에 대한 이야기를 생생히 들었습니다. 그리고 두 번째 편지가 날아든 것입니다.

선생님, 답장을 받으리란 기대를 하지 않았습니다. 뜻밖에 답장을 주셔서 얼마나 기뻤는지요. 휴가 때 숭실대로 선생님 뵈러 가는 날 연인 만나는 날처럼 떨렸습니다. 그 날의 기억은 지금도 잊혀지질 않습니다.
오래된 도서관 같은 연구실, 문학 서적 틈으로 흘러나오던 진한 커피 향, 그리고 한 권의 소중한 책처럼 온화한 모습으로 앉아 계시던 선생님의 모습, 이후 저는 다형 선생님의 시집을 구해 읽는 일이 즐거움이 되었습니다. 저도 시 쓰기에 정진

하겠습니다. 건승하십시오.

정호승 드림

'정호승! 첫 인상이 참 순수한 청년이었어. 부드럽고 친근한 매력이 있는…'
편지를 다 읽은 현승은 평소처럼 빙긋이 미소를 지어 보였습니다.

현승의 가슴 속에는 세 개의 산이 자리잡고 있었습니다. 그는 고향 무등산에서 인자함과 평등을 배웠습니다. 중학 졸업 여행지 금강산에서 조화와 신비를 배웠습니다. 서울 북악산에서 아름다운 정기를 배웠습니다.

이 무렵 현승은 경복궁 북쪽에 솟은 삼각형 모양의 북악산을 몇 번 찾아 올랐습니다. 수색에서 버스를 타고 응암동을 지나 녹번동 세거리까지 달리는 동안 왼편에 펼쳐진 겨울 북악산은 참 인상적이었습니다. 영하 10도를 넘는 차가운 날씨 속에 날카롭고 당당한 자태는 창을 든 기병과 같은 기운을 느끼게 했습니다. 그는 함께 산을 오른 제자 이성부에게 말했습니다.

"도시 주변 산인데, 나른하지 않고 톱니 같이 날카롭고 웅혼한 정기를 품고 있어. 돌, 바위로 된 딱딱한 듯 보이지만 희고 깨끗한 얼굴로 한 민족의 기개를 보여주는 것 같아."

"북악산을 보면 생존경쟁에서 살아남은 강인한 정신을 보는 것 같습니다."

이성부도 같은 느낌을 드러냈습니다.

"내 요즘 건강이 예전만 못한 것을 느껴. 올 3월에 문리과대학장에 임명되면서 심리적 부담을 떨치지 못하고 있나 봐. 산을 자주 찾아다니면서 건강을 되찾으리라 생각하네."

"그러셔야죠. 가끔 저랑 동행하시게요."

그 때 둘은 산마루에 걸쳐있는 흰 구름을 발견하였습니다.

"자네. 저 흰 구름이 무엇을 상징한다고 보는가?"

"음, 우리 시인들의 유연한 상상력 아닐까요?"

"그래? 나는 인류가 더 높은 이상과 희망에 도달하고자 하는 참된 꿈이라 생각하네."

두 사람은 맑은 산 기운을 머금고 천천히 산을 내려왔습니다.

시는 구원이었다

1973년이 밝았습니다. 계축년 소띠 해를 맞았습니다.

계축 소띠인 현승도 어느 해보다 설레는 새해를 맞게 되었습니다.

"아버지, 소띠는 말예요. 부지런하고 진실하대요. 아버지랑 딱 맞잖아요. 호호."

고등학교 입학을 앞둔 막내 순배가 서재로 건너와 새해 인사를 한 뒤 덕담을 건넸습니다.

"그래 맞다. 그 뿐만 아니야. 소띠는 무엇이든 하고자 계획을 하면 우직하게 밀어붙이는 성미도 있단다. 일단 시작하면 어떤 부담이 있어도 참고 견디면서 묵묵히 걸어 나가고."

"예 맞아요. 아버지도 올 해 건강하셨으면 해요. 막내가 늘 기도 드리고 있어요."

"막내도 피아노 연주 솜씨를 더 키우는 해가 되기를 바랄게."

두 사람은 정겨운 눈 맞춤을 나누었습니다.

그리고 보니 어느새 현승은 회갑 나이가 되어 있었습니다.

'교수 정년도 다가오고, 이런저런 자리에서 물러날 때도 다가오고…'

현승은 1월 한국문인협회 총회에서 연거푸 세 번째 부이사장에 선임되었습니다. 그러나 후진들을 위해 그는 사임했습니다. 마땅히 젊은 문단의 일꾼들에게 자리를 양보해야 한다는 생각을 평소에 하고 있었습니다. 그동안 자리를 놓고 으르렁거리고 헐뜯고 술수를 부리는 눈살을 찌푸리는 장면을 목격했기 때문이기도 합니다.

"여보, 전번에 치료한 치아는 괜찮으세요?"

"이빨? 별 이상은 없어요. 대부분 이빨을 의치로 바꾸었지만 음식 먹는 데는 별 지장이 없으니까."

"다행이네요. 이가 오복이라고들 하잖아요."

"내가 자랑할 게 하나 있소. 눈 말이오. 남들은 오십도 되기 전에 신문을 보려면 안경부터 찾는데, 난 아직도 깨알 같은 글씨를 맨 눈으로 보잖소."

"그러니 하나님께 감사드릴 일이지요. 올 해는 교회도 잘 나가시고요."

"……"

현승은 교회 말이 나오자 입을 다물었습니다. 벌써 몇 년 째 그는 고독의 세계에 빠져 있었습니다. 신으로부터 멀리 떠나 있었습니다. 혼자서 고독을 가슴에 품고 홀로 양심과 도덕을 무기 삼아 세상과 싸워오고 있었습니다. 그의 마음에서 교회는 먼 곳에 있었습니다. 신을 믿고 구원을 받는 신 중심의 생각을 지우고 대신 고독의 시를 쓰며 인간 중심의 생활을 받아들인 것입니다.

"여보 회갑 잔치를 준비해야겠지요? 다들 하고 있고요."

"그냥 놔두세요. 내가 마음에 없어요. 당신이 걱정하지만 고맙게 들리지 않아요."

사실은 얼마 전 어떤 출판사 사장이 회갑 잔치를 자신이 준비하겠다고 제안을 해 온 적이 있었습니다.

"고맙긴 한데, 사양할게요. 내가 그냥 다소곳이 조용히 살고 싶기 때문예요."

현승은 기질대로 제안을 물리쳤습니다. 그냥 홀로 생각

하거나 혼자 거리를 걷는 것이 좋았습니다. 요란한 행사 같은 것은 그의 성미에 맞지 않았습니다.

그는 어떻게 하면 깨끗이 늙어갈 수 있을까 하는 생각에 요즘 빠져 있었습니다.

'대학 교수실에 걸어놓은 사진 한 폭이 나의 심경을 말해주고 있지. 산마루 높이 걸린 흰 구름 같은 백발을 하고 기품 좋게 스토브 옆에서 책을 읽고 있는 노인. 그렇게 만년에 시를 쓰며 삶을 꿰뚫어보거나 미처 깨닫지 못한 인생의 의미를 생각하며 살 수 있다면 만족이야.'

현승은 자신에 대하여 마지막까지 충실하고 싶다고 주문하였습니다.

'한가하게 사는 것과 깨끗하게 사는 것은 달라.'

그는 끝까지 깨끗하게 성실하게 살아가리라고 새 해를 맞아 다짐하고 있었습니다. 그러기 위해 끝까지 시를 써야 한다고 스스로 약속했습니다.

'나에게 시 만큼 인생을 깨닫게 해 준 가치 있는 일은 없었다. 시는 유희가 아니었다. 시는 나에게 구원이었다.'

그는 이 신념을 세상 마치는 때 까지 기억할 거라며 마음 안에 다져 넣었습니다. 칠십, 팔십까지 산다 해도 변함이 없을 거라고 굳게 믿었습니다.

신앙의 고향으로 돌아오다

1973년 4월, 회갑을 며칠 앞두고 둘째 아들 문배 결혼식이 열렸습니다.

택시로 아내와 집을 나설 때부터 머리가 흐리고 무거웠습니다. 식이 진행될 때는 머리가 지끈 아파오기도 했습니다. 별 것 아니겠지 생각하며 버텨냈습니다. 결혼식이 끝나갈 무렵 의식이 흐릿해져 옴을 느꼈습니다. 힘이 쭈욱 빠졌습니다. 일어설 기운마저 없었습니다.

"아아~"

그는 정신을 잃고 쓰러지고 말았습니다.

"여보, 여보! 아버지가 쓰러지셨다!"

옆에 있던 아내가 소리쳤습니다. 가족들이 달려왔습니

다. 혼수상태인 현승은 결혼식장 앞 병원으로 급히 옮겨졌습니다. 고혈압 중세였습니다. 한 달 동안 그는 깨어나지 못했습니다. 의식은 완전히 중단되고 말았습니다. 다행히 시간이 지나면서 조금씩 차도를 보였습니다. 문병 온 문인들, 교수들 얼굴이 안개 속에서 희미하게 움직였습니다. 그들에게 뭐라고 입을 놀렸지만 기억에 남은 것이 하나도 없었습니다. 누운지 두 달 만에야 거의 정상으로 돌아왔습니다. 그제야 경사스런 날 쓰러져 아내와 자식들에게 미안함을 느꼈습니다. 가장으로서 체면이 말이 아니었습니다.

"여보, 괜찮겠어요?"

"할 수 있어요. 염려 말아요."

현승은 가족의 염려가 있었지만 다시 학교에 나가 강의를 시작하였습니다. 오랫동안 못 보던 학생들의 밝고 싱그런 얼굴을 대하자 갑자기 울음이 터져 나왔습니다.

"자네들 못 볼 줄 알았는데…다시 보니 반갑…흑 흐흑 흐흐흑~"

창피한 줄도 모르고 뚝뚝 눈물을 흘렸습니다. 강의실이 숙연해졌습니다.

집에 돌아와 그는 손을 모으고 울면서 기도를 드렸습니다.

"만물을 소생시키시기도 하시고 멸하게도 하시는 주님, 아픔과 고통 속에서 병마를 통하여 당신의 크신 사랑을 체험케 하여 주셨나이다. 인간이 얼마나 나약하고 무능한 것인지 알게 하셨나이다. 부귀영화나 권력이나 인간의 일들이 얼마나 허무한지를 깨닫게 하셨나이다. 하나님 아버지! 병을 물리치고 이렇게 회복하게 하신 은총과 사랑을 감사드리나이다. 육의 건강을 주셨으니 영의 건강도 지켜주셔서 늘 선함을 추구하며 더욱 깊은 믿음으로 붙잡아 주옵소서."

"여보, 당신 영 못 깨어나 과부되면 어떡하나 얼마나 걱정했는지 알아요?"

아내의 말에 현승은 미소를 지어보였습니다. 오랜만의 밝은 미소였습니다.

현승은 살아 있다는 게 마치 지옥에 갔다 살아온 기분이었습니다. 목숨 살리신 구원의 주 하나님께 끝없이 감사를 드리고 또 드렸습니다. 가느다란 생명의 물줄기를 연장시켜 주신 뜻이 어디 있을까 생각해 보았습니다. 고독의 시, 절대 고독의 시를 쓰며 하나님으로부터 멀어졌던 교만했던 자신을 깊이 뉘우쳤습니다.

'아, 어리석은 내가 회개할 기회를 주시려고 살리셨구나. 용서하여 주시옵소서.'

그는 그 전보다 더 몸 된 교회를 위해서 열심히 봉사하리라 다짐하였습니다. 마음 속에 남아있는 고독의 찌꺼기를 모조리 태워버리기로 하였습니다. 하나님과의 관계를 다시 회복하게 되자 온 몸에 새 피가 돌고 새로운 세상이 열리기 시작했습니다.

며칠쯤 후 한국일보 기자로 있는 제자 이성부에게서 연락을 받았습니다.

"교수님, 축하드립니다. 건강을 회복하신 것, 그리고 또 하나! 서울시문화상 수상자 선정되신 것을요. 서울시로부터 방금 보도 기사가 도착했네요."

"고맙네. 제1회 시인상을 거부하면서부터 상복이 없다고 생각했는데 생각도 않던 상을 타게 되나 보네."

기쁨 가운데 슬픔이 있고, 슬픔 가운데 기쁨이 있는 것, 그것이 삶이라고 현승은 굳게 믿었습니다. 이 또한 하나님 사랑이기에 경건히 감사드렸습니다.

스스로 울타리를 쳐놓고 고독의 성채에 갇혀 지내던 현승은 이제 절대신을 믿고 따르는 신앙의 고향으로 다시 돌아왔습니다.

'까마귀 외마디 울음소리보다 못한 나의 시'라고 말한 그는 경건히 십자가 앞에 무릎 꿇었습니다.

"쓰러지기 이전 나의 생애는 시가 중심이 된 모든 생애에 해당하는 세월이었네. 쓰러진 후 생애는 2,3년에 지나지 않지만 그 전 건강했던 생애와 맞먹는 소중한 의미가 있네. 이제 나의 관심이 180도 달라졌어."

그는 건강이 궁금해 찾아온 제자 문인들에게 속마음을 내비쳤습니다.

"앞으로 어떻게 삶의 변화를 내다보십니까?"

"말하자면 나의 관심과 신념은 시에 있지 않네. 지금 심경은 시를 잃더라도 신앙을 결코 놓치지 않을 생각이네."

현승은 오랜 모태 신앙인으로서 기도의 삶을 붙잡기로 굳게 다짐하였습니다. 사람 사는 동네를 향하던 시선이 하늘나라로 바뀌었습니다. 신 앞에 무릎 꿇고 기도할 때 영혼 깊숙한 곳에서 새롭게 생명의 시가 탄생한다는 것을 깨닫고 있었습니다.

1974년 5월 25일, 꾀꼬리 울고 아카시아 향기 상큼히 피어나던 날, 현승은 『김현승 시 전집』(관동출판사)을 냈습니다. 생명을 다시 찾은 기쁨과 시집을 낸 기쁨이 그의 마음을 한없는 감동으로 물들였습니다.

그는 아침 이슬 한 방울에서 신의 눈짓을 대하고, 나무를 흔들고 마당을 지나는 바람 한 자락에서 신의 목소리를 듣고 있었습니다.

> 하나님이 지으신 자연 가운데
> 우리 사람에게 가장 가까운 것은
> 나무이다
>
> 그 모양이 우리를 꼭 닮았다
> 참나무는 튼튼한 어른들과 같고
> 앵두나무의 키와 그 빨간 뺨은
> 소년들과 같다.

현승은 이 무렵 쓴 〈나무〉라는 시를 통해 고독과 완전히 결별을 하고 신의 품으로 돌아온 기쁨을 노래하고 있습니다. 그는 하나님 명령을 어기고 달아나려다 폭풍을 만나 물에 던져져 큰 물고기에 먹혔던 '요나'와 자신을 비교해 보았습니다. 그리고 늘 기도하며 자신을 뉘우쳤습니다. 이제 그는 풀만 봐도 나무만 봐도 구름만 봐도 그저 마음이 차오르고 기쁨으로 가득했습니다.

기도하며 하늘나라로

1974년 여름 큰 아들 선배가 할아버지의 목사직을 이어받아 목사 안수를 받았습니다. 선배는 미국에 유학하려고 서류를 당국에 냈습니다. 그러나 몇 달이 지나도 통과 소식이 들려오지 않았습니다. 현승 부부는 걱정이 되었습니다.
"여보, 서재로 좀 와 봐요."
"무슨 일이세요?"
현승은 잔뜩 걱정스런 표정으로 아내를 바라보았습니다.
"큰 애 유학 건 말이요. 부모의 죄로 아들이 신학공부 하려고 발버둥해도 저렇게 통과가 안 돼 얼마나 애가 타겠소. 내 목숨 가져가도 좋으니 허가되게 해 달라고 우리 기도합시다."

부부는 무릎 꿇고 하나님께 아들 출국을 간절히 기도드렸습니다. 큰 아들 선배는 신일고등학교 교목을 사임하고 미국 유학 절차를 끝내놓고 있었습니다. 기도를 마친 아내는 충격을 감추지 못했습니다. 오랫동안 교회를 멀리한 채 하나님을 떠나 있던 남편이 아들 유학을 위해 서원 기도를 하자고 자청한 것에 큰 감명을 받은 것입니다. 평생을 교회에 빠지지 않고 나간 자신이지만 오히려 남편의 믿음보다 못 하다는 생각에 부끄러움을 감추지 못했습니다.

한 해의 끝자락인 12월, 마침내 통과되었다는 통지가 날아들었습니다. 큰 애는 신학공부 차 유학의 길에 오를 수 있었습니다. 현승 부부는 하나님이 기도를 들어주셨다며 어린애처럼 들떠 기뻐하였습니다. 그 해 12월 25일, 크리스마스 날 선배는 미국행 비행기를 탈 수 있었습니다.

"아들, 미국 유학을 떠나게 되어 아버지는 기쁘다. 혹 내가 무슨 일이 있더라도 너는 절대 학업을 포기하지 말아라. 중간에 돌아올 생각도 하지 말고."

현승은 무슨 예감이 들었는지 마치 영원한 이별을 나누기나 하듯 큰 아들에게 당부했습니다.

1975년 몸은 날로 쇠약해져 갔지만 현승은 새해를 맞아

마냥 행복했습니다. 하나님 곁으로 돌아왔기 때문입니다.
그의 정신은 한없이 맑고 포근했습니다.

> 내게 행복이 온다면
> 나는 그에게 감사하고
> 내게 불행이 와도
> 나는 또 그에게 감사한다
>
> 한번은 밖에서 오고
> 한번은 안에서 오는 행복이다
> 우리의 행복의 문은 밖에서도 열리지만
> 안에서도 열리게 되어 있다
> 나는 오늘의 햇빛을 따스히 사랑하고
> 내가 불행할 때
> 나는 내일의 별들을 사랑한다.

　그는 〈행복의 얼굴〉 시에서 모든 방황을 끝내고 믿음을 다시 찾은 마음의 기쁨을 충만한 감정으로 노래했습니다. 하나님과 함께라면 오늘도 내일도 행복할 것 같았습니다. 그는 그렇게 다가오는 새 봄을 준비하고 있었습니다.
　3월 30일, 그는 어느 해 봄보다 사랑과 은혜 가득한 부활절을 맞았습니다. 교회에 나가 죽음을 이기시고 부활하신 주님께 간절한 기도를 드렸습니다. 지난날의 욕된 생활, 헛된 마음을 묻어버리고 정의와 진리로 부활하게 도와

달라는 기도를 드렸습니다.

"하나님 도우심으로 건강을 회복하셔서 기쁩니다. 기도드리고 있답니다."

교회 신도들이 다가와 건강을 빌어 주었습니다. 그의 표정은 참으로 차분하고 평온하였습니다.

4월 10일, 뜨락의 목련이 벙글어 터질 듯 꽃망울이 부풀어 있었습니다. 바로 다음 날은 현승의 예순 두 번째 생일이었습니다. 둘째 아들 내외와 큰 며늘아이, 그리고 손자 손녀가 모처럼 수색 집에 모였습니다.

"여보, 아이들이 미리 생신 잔치를 해드리겠다고 이렇게 모였는데 기분이 어떠세요?"

아내가 흐뭇한 미소를 지으며 말했습니다.

"고맙지, 고맙고 말고. 오늘 기분 참 좋구나."

"아버지. 예순 두 번째 생신을 축하드려요. 건강하시고 행복하세요."

막내 딸 순배가 다가와 현승의 볼에 가볍게 입맞춤을 하였습니다. 함께 축하 음식을 들며 덕담들을 나누었습니다. 돌아갈 시간이 되자 일행들이 현승에게 작별 인사를 드렸습니다.

"찻길에 조심해서들 가렴."

현승의 표정은 참 평온했습니다. 행복한 기운이 역력했습니다.

4월 11일 아침 현승은 서재에서 아침 커피를 들고 있었습니다.
"여보, 오늘 일찍 출근하시는 모양이네요. 일찍 일어나신 게."
"그래요. 오늘 대학 채플 인도를 맡았어요. 다른 때보다 좀 일찍 서둘러야 해."
아내는 넥타이와 양복을 꺼내 왔습니다. 양복을 차려 입는 현승을 보다가 무슨 생각이 들었는지 한 마디 했습니다.
"우리가 요단강 건널 때는 예수님 손 붙잡고 가야지요?"
"응. 요단강이 무엇인 줄 알아? 그것은 죽음의 강이야. 이제는 자신이 있어."
"주님 함께 하시면 죽음도 뛰어넘는 안식과 평화를 얻게 될 테니까요."
현승과 아내는 눈을 마주치며 씽긋 미소를 나누었습니다.
숭실대학교 예배 시간이었습니다.
그는 여느 때처럼 두 손 모은 채 기도를 올렸습니다.
"길이요 진리요 생명 되시는 거룩하신 하나님 아버지.

하나님 아버지…"

갑자기 정신이 흐릿흐릿해졌습니다. 다음 기도가 나오지 않았습니다.

"하나님 아버…"

다시 기도를 시도했습니다. 하지만 거기까지였습니다. 머리가 무거워지며 그는 비틀거렸습니다. 누군가 그를 위에서 끄는 느낌을 받았습니다. 가물가물 거리던 그의 의식은 멈춰 섰습니다.

"앗, 김 교수님이 쓰러지셨어요."

"구급차를 불러요! 빨리 빨리!"

현승은 급히 노량진 현대병원으로 옮겨졌습니다. 응급치료를 받았지만 그는 깨어나지 못했습니다.

"가망이 없습니다. 준비하시는 게 좋겠습니다."

현승은 병원에서 수색 집으로 옮겨졌습니다. 황혼이 깃드는 석양 무렵 그는 사랑하는 가족이 보는 앞에서 고개를 떨구었습니다. 62세의 나이였습니다. 그는 4월에 태어나 4월에 하늘나라 품으로 떠났습니다.

눈부시게 강렬한 봄 햇살이 가득한 봄날, 교정은 라일락 향기로 물들고 있었습니다. 숭실대학 채플실은 찾아온 발걸음으로 가득했습니다. 이곳에서 다형 김현승 시인의 장

레식이 열리고 있었습니다. 조요한 총장을 비롯, 동료 교수와 대학 직원, 많은 문인, 제자들로 채플실은 가득 채워졌습니다. 유족 석에서 끝없는 흐느낌이 이어졌습니다. 울먹이는 조사가 장내를 숙연하게 했습니다. 그의 보금자리 수색 집 빈소에도 김동리 작가를 비롯 수많은 문인이 다녀갔습니다. 유명 문인의 조사가 일간 신문에 실리고 또 그의 시를 사랑하는 많은 독자들이 죽음을 슬퍼하였습니다.

그의 고향 광주에서 제자들과 뜻있는 문인들이 그의 시 정신을 기리고자 시비를 세우기로 하였습니다. 1977년 6월, 무등산 원효사 입구 숲길에 다형 김현승의 대표작 〈눈물〉 시비가 세워졌습니다. 제막식에는 광주 출신 문인을 비롯 백낙청, 고 은, 염무웅 등 여러 곳에서 문인들이 참여하여 생전의 김현승을 기리고 추모하였습니다. 그가 어린 시절을 보낸 광주 양림동 언덕 호남신학대학 구내에는 그의 대표시 〈가을의 기도〉 시비가 세워졌습니다.

1995년 다형 김현승의 20주기를 맞아 제자, 시인 서른두 분이 모였습니다. 그들은 김현승의 고결한 시 정신의 맥을 이어가자는데 뜻을 모으기로 하였습니다. 곧 〈다형문학회〉가 생겨났습니다. 그들은 1996년 9월, 다형문학회 작품집 창간호 『지상의 별들』을 펴냈습니다.

2009년 3월 가을의 시인, 고독의 시인, 기독교의 시인 김현승을 기리기 위해 〈다형김현승기념사업회〉가 만들어졌습니다. 사업회는 2009년부터 매년 '전국학생문예작품 공모' '학술세미나' '다형문학제' '다형시낭송회' 등을 개최하고 있습니다. 그에 관한 서적도 출판되어 나오고 있습니다. 지금까지 『다형 김현승 전집』, 『다형 김현승 전집 II』, 『다형 김현승의 문학 세계』, 『다형 김현승 연구 박사학위 논문 선집』, 『다형 김현승의 삶과 문학』 등을 발간하였습니다. 다형 김현승의 일대기를 다룬 영상물도 제작하였습니다.

2013년 김현승 시인 탄생 100주년을 맞았습니다. 현대시문학사의 큰 발자국을 남긴 시인의 업적을 기리는 행사가 고향 광주와 모교 숭실대학교에서 열렸습니다. 이 해 9월 28일 광주에서는 '다형김현승시인기념사업회' 주최로 100주년 기념 문학대전을 가졌습니다. 오전 11시 양림동에서 '양림동 백작'으로 불렸던 시인이 생전에 시상을 가다듬으며 오르내리던 양림산 언덕 길 가에 그의 대표시 〈절대고독〉이 새겨진 얼굴상 표지석이 세워지고 제막식을 가졌습니다. 남구문화예술회관에서 열린 문학대전에서는 '다형 김현승 일대기 영상 상영', '대표시 낭송' '학술 토론회'

등이 다채롭게 열렸습니다. 함께 자리한 시민들은 고향이 낳은 큰 시인의 숨결을 느끼려 귀를 열고 한 마디 한 마디 집중하며 들었습니다. 때로는 그윽한 커피 향에 젖어 때로는 푸른 자연의 숲을 거닐며 시를 쓰고 삶을 치열하게 살아온 시인의 예술 정신을 깊이 새겨 보았습니다.

　유난히 가을과 커피를 사랑했던 다형 김현승 시인이 그립지 않으세요? 그렇다면 그가 살았던 양림동 언덕길을 걸어보세요. 또는 그가 열정으로 강의를 했던 조선대 푸라타나스 교정을 걸어보시던가요. 혹은 서울 숭실대 채플실을 방문해도 좋겠지요. 그의 아름다운 시혼을 흠뻑 느껴볼 수 있을 것입니다.

　이 글을 읽는 여러분의 가슴 속에는 맑고 깨끗한 청교도적 삶을 살았던 다형 김현승 시인이 살아 있습니다. 유난히 가을을 좋아한 다형은 가을은 차 끓이기 좋은 계절이라 하였지요. 어느 가을 날 다형 김현승 시인과 커피향내가 고여 있는 들길을 걸으며 가을의 시와 노래를 속삭여 보지 않으시렵니까?

대추씨 시인의 가을 기도

인 쇄 ㅣ 2016년 9월 10일
발 행 ㅣ 2016년 9월 15일
저 자 ㅣ 윤 삼 현
발행처 ㅣ 다형김현승시인기념사업회
발행인 ㅣ 회장 장 정 식
기획·편집 ㅣ 이 춘 배
인 쇄 ㅣ 도서출판 한림, 한림문학재단
　　　　　주소 광주광역시 동구 백서로125번길 11
　　　　　전화 (062)226-1810(代)·3773 FAX 222-9535
　　　　　출판등록 제05-01-0095호
　　　　　공보처등록 바 1717호(1992. 6. 2)
　　　　　E-mail hanlim66@hanmail.net

정가 10,000원
ISBN 978-89-6441-232-9　03810

이 책은 광주광역시에서 출판비를 지원 받아 발간되었습니다.